IDISS

DE L'AUTEUR

BIOGRAPHIE

Robert Badinter est né à Paris en 1928. Avocat au barreau de Paris et professeur de droit, il fut nommé ministre de la Justice en juin 1981 par François Mitterrand. Il fit voter l'abolition de la peine de mort en France et prit de nombreuses mesures en faveur des libertés individuelles, des droits des victimes et de l'amélioration de la condition des détenus. Robert Badinter a présidé le Conseil constitutionnel de 1986 à 1995 et fut sénateur des Hauts-de-Seine de 1996 à 2011. Il est l'auteur de nombreux ouvrages juridiques et littéraires.

OUVRAGES

L'Exécution, Grasset, 1973 ; Fayard, 1998.

Condorcet (en collaboration avec Élisabeth Badinter), Fayard, 1988.

Libres et égaux... L'Émancipation des Juifs, 1789-1791, Fayard, 1989.

Une autre justice (collectif), Fayard, 1989.

La Prison républicaine, Fayard, 1992.

C.3.3., précédé d'*Oscar Wilde ou l'Injustice*, Actes Sud Théâtre, 1995.

Un antisémitisme ordinaire, Fayard, 1997.

L'Abolition, Fayard, 2000.

Une Constitution européenne, Fayard, 2002.

« Le plus grand bien... », Fayard, 2004.

Contre la peine de mort, Écrits, 1970-2006, Fayard, 2006.

Les Épines et les roses, Fayard, 2011.

Le Travail et la loi (en collaboration avec Antoine Lyon-Caen), Fayard, 2015.

Robert Badinter

Idiss

Fayard

Couverture : Hokus Pokus
© Photo DR
Photo de l'auteur © Joël Saget, AFP

ISBN : 978-2-213-71010-5
Dépôt légal : octobre 2018

À mes petits-enfants,
Esther, Zacharie, Alma et Vadim

A vant la guerre, au temps de mon enfance, tous les vendredis, quand tombait la nuit, ma grand-mère Idiss allumait les bougies pour dire la prière du Shabbat. Elle ne requérait la présence d'aucun membre de la famille, pas même celle de mon frère et moi. Je me glissais furtivement dans la salle à manger pour l'observer. Un bougeoir à l'argent noirci était posé sur la cheminée. Les flammes tressautaient dans le miroir. Le lustre au-dessus de la table était éteint. Je voyais ma grand-mère la tête recouverte d'un châle blanc, balançant ses épaules au rythme de la prière en hébreu. Elle tendait ses mains grandes ouvertes vers la flamme et murmurait très vite à voix assourdie les paroles rituelles, comme un ruisseau à l'eau vive qui s'écoule. À la fin, elle s'inclinait, prononçait le *omein*[1] ultime et se redressait lentement. Comme elle m'avait vu dans la glace, elle me faisait signe de venir

---

1. « Amen », en hébreu (« *omein* » est utilisé par les juifs ashké-nazes).

l'embrasser. Je me précipitais dans ses bras. Alors, elle prononçait sur ma tête une bénédiction. Elle souriait. Le fil de la vie se déroulait entre nous. À quoi songeait-elle en ces instants-là, dans cet appartement petit-bourgeois de Paris où je suis né ?

Idiss, ma grand-mère maternelle, était née en 1863 dans le Yiddishland[1], à la frontière occidentale de l'Empire russe. Elle avait connu la pauvreté, sinon la misère, des juifs des *shtetels*[2] bessarabiens[3]. La prière du vendredi soir s'achevait par des remerciements au Seigneur qui lui avait donné du pain pour nourrir sa famille. C'était absurde dans sa condition actuelle. Mais la formule la rassurait. Dieu veillait sur sa famille, en France, comme jadis en Bessarabie. Idiss lui était reconnaissante de ses bienfaits, mais elle ne s'en étonnait pas. L'Éternel est juste, et Idiss avait eu sa part d'épreuves sur cette terre, là-bas, en Bessarabie. Et ici, dans ce pays étranger, rien n'avait été facile pour elle.

---

1. Région d'Europe centrale s'étendant des pays Baltes à la mer Noire et de l'Empire allemand jusqu'à la Russie, dans laquelle vivaient, avant la Seconde Guerre mondiale, plus de 11 millions de juifs unis par leur langue, le yiddish. Ce territoire aux frontières floues recouvrait notamment la Lituanie, la Pologne, l'Ukraine, la Hongrie et la Roumanie.

2. Village peuplé de juifs dans la Russie tsariste.

3. La Bessarabie est une région méridionale au bord de la mer Noire dont l'histoire est tumultueuse. Tour à tour ottomane, russe, roumaine puis soviétique, elle est aujourd'hui moldave. Elle comptait jadis une importante population juive. Pendant la Seconde Guerre mondiale, un grand nombre de juifs y furent exterminés par les nazis et leurs alliés roumains.

Aujourd'hui, ayant franchi son âge, je rêve à son passé qui est un peu le mien. Il m'émeut, mais j'en souris aussi, comme si un conteur d'histoires était assis devant moi et évoquait le destin de ma grand-mère, dans sa langue dont les accents ont bercé mon enfance.

Chapitre premier

Le shtetel

« Tu dois savoir, me dit la voix secrète, qu'après le départ de son mari à l'armée du tsar, Idiss est restée seule avec ses deux fils. Elle a dû vivre chez ses beaux-parents. » Une jeune femme mariée ne pouvait pas demeurer seule dans un *shtetel*. Qu'auraient murmuré les voisins toujours médisants ? Mais la belle-famille était pauvre et trois bouches de plus à nourrir étaient une lourde charge. Ce n'est pas qu'ils fussent égoïstes ou avares. Mais pauvres, ils l'étaient, comme Job dans la Bible. Idiss aidait sa belle-mère et faisait plus que sa part du travail à la maison. Elle avait appris à broder et ornait nappes et serviettes pour les richards du bourg, des *goys*[1] qui habitaient de l'autre côté de la petite rivière, près de l'église. Les jours de marché, Idiss partait à l'aube et déployait ses broderies sur une table pliante. Son petit commerce ne marchait pas fort, peut-être parce qu'elle ne connaissait pas les nouveautés à la mode.

---

1. « Chrétiens », en yiddish.

Souvent, Idiss revenait à la maison la tête basse, sans rien avoir vendu, avec Avroum, l'aîné de ses fils qui avait quatre ans et ne quittait pas la main de sa mère.

Un jour d'hiver où la neige recouvrait le sol et où le vent glacial s'engouffrait sur la place du marché, un colporteur, la regardant grelotter avec Avroum, lui dit : « Viens Idiss, je t'offre un thé à l'auberge, ça vous réchauffera un peu. »

Idiss refusa d'abord. Une femme seule assise à l'auberge avec un homme, qu'allait-on penser ? Mais Avroum à ses côtés répétait déjà : « Dis oui, maman, j'ai si froid. » Alors, elle accepta. Ils rangèrent l'étal et s'en furent à l'isba marquée d'une enseigne aux vives couleurs portant l'inscription en russe et en yiddish « Au Coq fumant ». Ce que le colporteur lui dit devant le samovar brûlant, tandis qu'Avroum dévorait un gâteau au fromage, Idiss n'en crut pas ses oreilles. Ce n'était pas une proposition honteuse comme elle le redoutait. À sa stupéfaction, le colporteur lança :

– Idiss, tu veux gagner de l'argent ? Honnêtement bien sûr, car je respecte Dieu et ma femme.

Idiss le regarda en silence.

– Tu sais que nous sommes ici à deux verstes[1] de la frontière roumaine ?

---

1. Mesure de longueur utilisée à l'époque en Russie, qui représentait 1 066,8 mètres.

– Et alors ? dit-elle.

– Eh bien, de l'autre côté, chez les Roumains, le tabac coûte deux roubles moins cher la livre qu'ici, en Russie.

Le colporteur se tut, alluma une cigarette à bout doré et poursuivit :

– Voilà ce que je te propose : moi, j'achète là-bas, chez des paysans que je connais, du tabac en gros, du meilleur bien sûr. Et toi, tu prends un panier sous chaque bras, tu gagnes la frontière par un petit chemin dans les bois que je te montrerai, où il n'y a jamais personne. De l'autre côté, tu trouveras un ami qui t'attendra, un juif très honnête. Il mettra dans chaque panier un sac de tabac pas trop lourd. Il te donnera aussi une enveloppe avec des roubles dedans. Et tu rentres par le même chemin. Ni vu, ni connu. Bien sûr, tu gardes ta petite commission, c'est normal. Tu vois l'affaire. Tu ne fais de mal à personne, tu ne voles personne, sauf l'administration qui nous prend tout, à coups d'impôts injustes. C'est seulement une sorte de récupération...

Idiss le fixait de ses grands yeux bleus, sidérée. Le colporteur sourit, lui resservit du thé et, à Avroum, une part de gâteau. Il ajouta :

– Pour chaque aller et retour, Idiss, je te verserai dix roubles. Ne me réponds pas tout de suite. Réfléchis : dix roubles, c'est de l'argent. Et gagné honnêtement, sur ces voleurs des douanes du tsar.

– Mais si on m'arrête avec des paniers pleins de tabac, qu'est-ce que je deviendrai ? Ils me mettront en prison, c'est sûr, et j'en mourrai de honte. Et mon mari Schulim, s'il l'apprend, qu'est-ce qu'il pensera ? Que je suis devenue une trafiquante, une femme malhonnête ? Peut-être même il me chassera ?

Le colporteur sourit :

– Ne te fais pas de souci, Idiss. Je ne voudrais pas qu'une jeune femme comme toi, une brave fille, ait des ennuis. J'ai tout arrangé avec les douaniers. Ils crèvent de faim avec leur solde de misère. Alors je les préviens du jour où tu traverses la frontière, ils regarderont de l'autre côté, voilà tout. Eux aussi, ils ont besoin d'un petit complément. C'est juste, pas vrai ?

C'est ainsi que l'honnête Idiss devint contrebandière à la frontière russo-roumaine, pour le bien-être de sa petite famille. Les choses se mirent en place pendant quelques mois. Idiss rapportait l'argent chez ses beaux-parents, disant que le commerce allait mieux, que les clientes étaient plus nombreuses, n'importe quoi. Elle gardait aussi par précaution quelques roubles pour elle, en attendant le retour de Schulim.

Mais un jour de marché, sur la place du village, elle vit se dresser devant son petit étal la silhouette formidable d'Ivan Petrovich, le gendarme du village, flanqué de son adjoint, tous deux bottés, le bonnet de fourrure sur la tête et le sabre au côté. Idiss sentit son cœur défaillir. Ils la regardèrent quelques instants en silence. Puis Ivan Petrovich, qui portait un galon sur la manche, lui dit : « À quatre heures ce soir au poste de police, Idiss. Quatre heures, sans faute », répéta-t-il. Idiss ne répondit pas. Elle aurait souhaité être morte à cet instant.

Cinq minutes avant quatre heures, Idiss poussa la porte du commissariat, son ballot de broderies au bras. Un planton lui fit signe de s'asseoir sur un banc où un homme allongé ronflait. Quelques instants plus tard, Ivan Petrovich parut dans l'embrasure d'une porte. Il la fit entrer dans une pièce qui puait la fumée froide. Il s'assit derrière le bureau, lui montra la chaise devant lui : « Pose ton ballot Idiss, et écoute-moi bien. Le trafic de tabac, c'est pas pour les amateurs. Voilà six mois que tu traverses la frontière pour rapporter du tabac blond, que tu livres à qui tu sais. Je ne prononce pas son nom, ce n'est pas la peine. Alors, comme tu es une brave fille, je vais te dire clairement les choses. Ce trafic-là ne peut plus durer. Le capitaine se doute de quelque chose, il pose des questions, mine de rien : "C'est drôle, sergent, on dirait que le trafic de tabac a cessé à la frontière. Vous, les gendarmes, n'arrêtez plus personne. Et pourtant, dans toutes les auberges, ça sent le tabac à plein nez. Il arrive comment, ce tabac blond ? Par la grande route ? Les douaniers me disent ne rien trouver. Par des petits chemins de traverse ? Mais personne n'a été arrêté depuis longtemps. Alors je m'interroge, ou plutôt je vous préviens, Ivan Petrovich. Je veux que la contrebande de tabac cesse et que vous arrêtiez les contrebandiers. Vous m'entendez ? Je veux des résultats, pas des notes vagues sur vos surveillances. Je veux des arrestations, Ivan Petrovich. Et vite !

Ou ça ira mal pour vous, et vous vous retrouverez à Kichinev à patrouiller la nuit et à courir après les voyous !" »

Son propos terminé, Ivan Petrovich qui n'avait pas perdu Idiss des yeux lui dit : « Tu as entendu ? Des résultats, voilà ce qu'il veut. Et le résultat, c'est toi, ma belle. Inutile de nier. Ton fournisseur a parlé aux collègues roumains qui m'ont tout raconté. Alors tu ferais mieux d'avouer tout de suite. »

Idiss, éperdue, éclata en sanglots : « Je vous donnerai tout ce que j'ai, sergent, je vous jure, j'ai fait ça pour mes enfants, je n'ai rien dépensé pour moi. Ayez pitié, sergent. Vous êtes un homme de cœur, ayez pitié d'une pauvre femme dont le mari sert le tsar », ajouta-t-elle dans son désespoir.

Ivan Petrovich la regarda. Derrière ses terribles moustaches, il cachait un cœur sensible à la misère humaine : « Écoute-moi, Idiss, au lieu de pleurer. J'ai une idée. Toi, tu as besoin de cet argent, et moi, il faut que je prouve au capitaine que j'ai l'œil. Alors, pour le moment, je te laisse continuer ton trafic. Et une fois par quinzaine, tu viens ici avec ton tabac. Je te mets sous les verrous, tu passes la nuit en cellule, je confisque une partie de la marchandise et tu payes une petite amende. Comme ça, tu gagnes encore quelques roubles pour tes enfants, moi je justifie que je fais mon service, et tout le monde est content. »

Ainsi fut fait. Au jour fixé, Idiss, chaudement vêtue, le panier à demi rempli de tabac, gagnait le commissariat où chacun la connaissait. Elle apportait avec elle, cachés dans le panier, un gros *leiker*[1] et une bouteille de vodka. Les gendarmes de garde la plaçaient seule dans une cellule dont ils fermaient les verrous. Ils levaient leur verre à sa santé. Idiss repartait à l'aube, après avoir préparé le thé dans le samovar pour les gendarmes. Ainsi coulaient les semaines et les mois de la vie d'Idiss qui, tous les soirs, avant de s'endormir, adressait une prière à l'Éternel pour qu'il protège ses fils et lui ramène enfin Schulim, son beau mari.

*
* *

Schulim revint, à la surprise générale, après cinq ans d'absence. Par un matin de printemps, quand la campagne est en fleurs et en fête, le porteur d'eau du village vit un jeune homme dans une capote militaire émerger de la diligence de Kichinev. Il reconnut aussitôt Schulim. Sans attendre, il se précipita vers la ruelle où logeait la belle-famille d'Idiss en hurlant : « Schulim est là ! Schulim est de retour ! » Les volets de bois claquèrent, la tête de la belle-mère couverte d'un fichu émergea de la fenêtre, tandis qu'elle répétait en yiddish : « Qu'est-ce que tu dis, qu'est-ce que tu dis ? Schulim est revenu ? » Déjà, Idiss se précipitait,

---

1. Gâteau juif traditionnel.

enveloppée dans son châle, et courait de toutes ses forces vers Schulim qui avait jeté son sac à terre et lui ouvrait les bras.

Ce que fut le bonheur d'Idiss, il faudrait la plume de Gogol pour le décrire. Elle était menue, Idiss, et Schulim avait forci. Au jeune garçon de jadis la vie militaire avait substitué un grand gaillard, tout en muscles, qui portait une courte barbe taillée à la mode, différente de celle des juifs pieux. En uniforme, dans la lumière du jour, il était beau comme un jeune prince. Idiss pleurait de bonheur et d'amour en étreignant fort contre elle Schulim, enfin de retour.

Déjà la famille accourait, les voisins aussi. Un groupe se formait autour du couple reconstitué, les gens s'émerveillaient. Ils juraient avoir toujours dit que Schulim reviendrait, même ceux qui avaient suggéré à Idiss d'aller voir le rabbin pour lui demander conseil – ils n'osaient pas dire « divorcer ». Tous prenaient à témoin les proches qu'Idiss avait eu raison d'attendre, sûre du retour de Schulim et sûre d'elle-même. Ainsi suivis d'un cortège, Schulim et Idiss regagnèrent la maison familiale, les deux garçons accrochés à la capote de leur père, comme s'il était le roi du *shtetel*.

*

* *

Un an s'écoula. Du bonheur des retrouvailles naquit ma mère, Chifra[1]. Dieu avait exaucé Idiss qui désirait tant une petite fille. Schulim était fou d'elle. Lorsqu'il était à la maison, ce n'était pour Chifra que baisers, jeux et câlins. Mais les autres rêves d'Idiss sur le retour de Schulim ne se réalisaient pas. À l'armée, Schulim avait contracté des habitudes détestables. Il aimait, après dîner, aller à l'auberge et retrouver là des copains dont certains avaient comme lui servi dans l'armée du tsar. Schulim ne buvait pas d'alcool ou très peu, juste de temps à autre un petit verre de vodka, avalé d'un coup, à la russe. Mais un autre démon s'était emparé de lui : le jeu. Il pouvait rester des heures, attablé à jouer aux cartes. Parfois, il gagnait et rentrait chez lui les poches pleines de roubles. Plus souvent, il perdait et regagnait l'isba à l'aube, sans un kopek, ayant signé une reconnaissance de dette payable quelques jours plus tard avec les intérêts d'un mois. Pour s'en acquitter, Schulim, convaincu que la chance serait ce soir-là de son côté, retournait au cabaret avec quelques roubles qu'il allait « faire fructifier », promettait-il en embrassant Idiss, en larmes, qui ne lui refusait jamais rien, sauf l'indispensable pour nourrir les enfants. À l'auberge, Schulim jouait encore et encore, tantôt chanceux, plus souvent malheureux. La nuit s'écoulait. La déesse Fortune ne venait pas au rendez-vous. Ainsi s'accumulaient les pertes et les dettes. Idiss, désespérée,

---

1. Ma mère naquit le 24 septembre 1899 à Edinetz, en Bessarabie, alors province de l'Empire russe.

pleurait, évoquant les enfants, adjurant Schulim de ne plus jouer. Il s'engageait avec flamme à ne plus toucher une carte, plus jamais – pourvu qu'il puisse payer ses dettes, une fois encore. Elle lui remettait alors quelques roubles difficilement gagnés et qu'il perdait la nuit même.

De contrebande de tabac, pour Idiss, il n'était plus question. Comment aurait-elle pu justifier ses absences quand elle allait se constituer prisonnière pour la nuit, chez les gendarmes ? Elle avait tout expliqué à Ivan Petrovich. Il avait compris la situation et lui avait même donné deux roubles, « pour les enfants », disait-il. Idiss, de temps à autre, passait le voir au commissariat en lui apportant un gâteau qu'elle avait confectionné en cachette des enfants et de Schulim. Parfois, elle parlait de lui avec Ivan Petrovich. Il connaissait la vie, peut-être lui donnerait-il un bon conseil pour arracher son mari à sa passion du jeu. Il l'écoutait patiemment. Il savait déjà tout, jusqu'au montant des pertes de Schulim. Car le patron de l'auberge était son meilleur indicateur. Le chef des gendarmes hochait la tête en écoutant Idiss, lissant ses moustaches et se répandant en paroles encourageantes. Schulim cesserait de jouer, c'était sûr, il en avait vu d'autres comme lui qui finissaient par comprendre qu'ils détruisaient leur vie et celle de leur famille, qu'ils ne pouvaient pas continuer ainsi. C'était un dur moment à passer, difficile pour elle, mais puisque Schulim les aimait, elle et les enfants, il abandonnerait le jeu… Idiss l'écoutait avec des yeux brillants. Il lui donnait ce qu'elle était venue chercher : de l'espérance et la conviction que Schulim était malgré tout un bon père, un bon mari, et qu'il finirait par jeter ces maudites cartes par amour pour eux. Pour finir, Ivan Petrovich suggérait une visite au rabbin pour qu'il convoque Schulim et lui fasse entendre la parole de l'Éternel. Idiss ne disait pas non, mais savait qu'elle n'irait pas. Elle aurait eu honte de lui raconter son histoire. Elle avait la fierté au cœur, Idiss, et ne voulait pas que le rabbin sût ce qui était péché pour Schulim : jouer l'argent de ses enfants.

*
* *

Quelques années s'écoulèrent. Idiss avait connu au marché un vieux colporteur juif qui vendait des « articles de Paris », comme disait l'enseigne déployée au-dessus de son étalage. En réalité, de Paris, il n'y avait que le nom. Mais foulards, châles, étoffes, colifichets, tous les articles portaient des étiquettes écrites en caractères latins, et le colporteur se prévalait de leur dénomination en un français bizarre. Les bénéfices étaient partagés par moitié entre lui et Idiss, devenue bonne vendeuse. Ainsi trouvait-elle des ressources plus élevées que celles que Schulim tirait de l'activité de tailleur, qu'il avait, après d'autres essais, décidé d'exercer. Il n'était pas pour autant libéré de sa passion du jeu. Mais Idiss tenait la bourse du ménage et veillait à percevoir ce que Schulim gagnait

– quitte à lui reverser ce qu'elle estimait nécessaire à ses dépenses personnelles. Il ne s'en plaignait pas, c'était l'usage au village. Idiss n'était pas ladre avec lui, car elle le voulait heureux et élégant. Ainsi la famille coulait des jours paisibles au *shtetel*.

*

*   *

Mais pour les juifs du Yiddishland, notamment en Bessarabie, l'horizon était toujours chargé de menaces. Un antisémitisme virulent trouvait dans ces régions frontalières un foyer constamment prêt à s'allumer. La détestation des juifs n'était pas l'apanage des nationalistes orthodoxes. Elle imprégnait aussi l'administration tsariste. Si l'on tolérait individuellement les juifs qu'on connaissait, les communautés juives étaient rejetées collectivement. Par moments, le mépris tournait à la haine, et les insultes s'accompagnaient de violences physiques. Les juifs, souvent reconnaissables à leur tenue ancestrale, étaient battus, les barbes coupées. Les pogroms[1] se déchaînaient dans les ghettos, avec leur cortège d'incendies, de pillages et parfois de meurtres. Quand la vague de violences s'était retirée, les juifs comptaient leurs morts et, silencieusement, montaient en eux la haine de leurs

----

1. Terme d'origine russe signifiant « attaque » ou « émeute ». Les pogroms désignent des actions collectives violentes contre les juifs qui se déroulaient dans l'Empire russe et en Europe centrale.

persécuteurs et l'aspiration à une autre existence dans un pays de liberté.

Les idéaux de la Révolution française et la devise républicaine résonnaient au cœur des plus jeunes. L'Amérique brillait de mille feux dans les lettres adressées par les proches déjà établis à New York ou à Chicago. Pour eux, partir n'était pas fuir. C'était aller ailleurs, gagner d'autres lieux où ils bâtiraient un autre avenir. L'humour juif, cette ultime défense contre le malheur, trouvait là une source permanente. Au Yid[1] du *shtetel*, auquel son voisin venait annoncer son départ pour Chicago et qui disait : « C'est loin, Chicago ! », l'autre répondait : « Loin d'où ? » Tout était dit.

Le sionisme, le projet d'un État juif en Palestine, commençait à nourrir l'imaginaire juif. Le Congrès fondateur avait eu lieu à Bâle en 1897. Il enflammait nombre d'esprits dans le Yiddishland. Parce qu'il était messianique, le sionisme faisait rêver les jeunes juifs révoltés. Pour les autres, ce n'était qu'un songe dont on aimait parler, mais auquel on ne croyait guère. Ce qui était réel, c'était New York, Paris, Berlin, Vienne, toutes les métropoles où vivaient des juifs, parfois riches, comme les mythiques Rothschild. Bien sûr, même dans ces pays, l'antisémitisme n'avait pas disparu. L'affaire Dreyfus, née dans le pays de la Déclaration des droits de l'homme, témoignait de sa

_____

1. Juif parlant le yiddish.

persistance. Mais la loi était là pour les protéger, pas pour les accabler. Alors, pourquoi hésiter ? « Fais ta valise, Yid, jettes-y ton *talith*[1] et tes hardes, prends tes quelques roubles et en route pour Kichinev où le train t'attend qui te mènera à travers l'Europe à Paris ! »

---

1. Châle de prières, en yiddish.

Chapitre II

L'exode

En Bessarabie, le XXᵉ siècle débuta par des pogroms d'une violence inouïe, notamment à Kichinev[1]. Des juifs furent massacrés, les violences et les pillages se succédèrent. Les fils de Schulim et d'Idiss, Avroum (23 ans) et Naftoul (21 ans), décidèrent de quitter la Russie. Comme des cousins étaient établis à Paris et s'y trouvaient bien, ils suivirent leur exemple et gagnèrent la Ville lumière, la ville mythique de la liberté pour les juifs du Yiddishland. À Paris, ils vécurent d'abord chez des cousins, au cœur du quartier du Marais, puis ils s'installèrent rue de l'Épée-de-Bois, dans le quartier de la place Monge, dans un atelier qui servait aussi

---

1. En avril 1903, la ville de Kichinev fut le théâtre de l'un des pogroms les plus violents et meurtriers organisés contre les juifs. Avec la complicité des autorités locales, une partie de la population s'en prit aux juifs de la ville : une cinquantaine de personnes furent tuées et plusieurs centaines blessées, sans compter les maisons et boutiques juives pillées ou détruites.

Un second pogrom se déroula à Kichinev en octobre 1905, causant la mort d'une vingtaine de personnes.

d'entrepôt. Ils achetaient à bon compte des vêtements usagés dans les quartiers bourgeois.

Personnages familiers de la scène parisienne, tôt le matin, ils tiraient la charrette et poussaient leur cri aux oreilles des habitants : « Achetons vêtements usagés, mesdames ! » Puis, affaires faites, ils retournaient avec leurs fripes dans le Marais et les confiaient à des tailleurs qui les retapaient, les recousaient. Le lendemain, ils reprenaient la charrette et parcouraient les rues populaires de la Bastille et de la République en criant : « Beaux vêtements à vendre, mesdames, beaux vêtements ! » Les chalands s'arrêtaient, tâtaient l'étoffe, tiraient sur les boutons, examinaient à contre-jour les vestes pour voir si elles étaient usées. Et le marchandage commençait, pratique millénaire. À ce commerce-là, Avroum et Naftoul gagnaient suffisamment pour envoyer de quoi vivre aux parents restés en Bessarabie.

Avroum, l'aîné des fils, avait fait des études secondaires en Bessarabie. Il en tirait gloire. Naftoul n'avait pas eu cette chance, mais était toujours prêt à rendre service ou à partager quelques francs avec un Yid débarqué de Russie, qui séjournait à Paris pour un délai indéterminé. Naftoul était conscient de la distance intellectuelle qui le séparait de son aîné, l'« étudiant », comme on l'appelait dans la famille. Il tirait la charrette tandis que son frère se contentait de discuter des prix avec les concierges des beaux quartiers, dépositaires de vêtements de qualité à peine portés et donnés aux domestiques. Dans ce modeste trafic, les domestiques trouvaient aussi leur avantage.

Comme il fallait aider les parents encore en Bessarabie, Naftoul avait adjoint au commerce des *chmotes*[1] une activité annexe. Un ami boulanger rue Notre-Dame-de-Lorette lui cédait à bon compte, le samedi soir après l'office du Shabbat, les brioches et les friandises invendues. Naftoul les recouvrait avec soin d'une serviette blanche immaculée et les remisait chez lui. Le lendemain matin, dimanche, il gagnait le bois de Vincennes avec sa charrette sur laquelle il avait déposé les brioches sur un plateau. Et là, il les proposait au bord du lac aux parents qui se promenaient en famille, assuré que la clientèle d'enfants ne lui ferait pas défaut vers onze heures. Pour attirer le chaland, Naftoul clamait d'une voix de basse avec l'accent yiddish : « Les belles brioches du jour ! Oh, les belles brioches toutes fraîches ! » Soucieux de donner à ces produits l'éclat nécessaire, Naftoul « rafraîchissait » les brioches en les aspergeant d'eau prise à la fontaine municipale. Avroum, pour sa part, jugeait indigne de lui cette activité et préférait aux beaux jours lire devant un verre de thé, à une terrasse du jardin, une gazette en yiddish des immigrés juifs à Paris. Le socialisme bundiste[2] y régnait, et Jaurès y

---

1. Terme yiddish couramment utilisé pour désigner les vieux vêtements.

2. Le Bund (Union générale des travailleurs juifs de Lituanie, Pologne et Russie) est un mouvement révolutionnaire fondé en 1897 qui défendait les intérêts des travailleurs juifs. À la différence des organisations sionistes créées à la même époque, le

était loué entre tous pour son combat contre le régime tsariste et sa dénonciation des pogroms en Russie.

Le soir venu, Naftoul regagnait l'atelier, heureux de ses petits profits et fier d'adresser aux parents restés là-bas avec la petite sœur Chifra un mandat complémentaire. Il ne gardait rien pour lui. Un bon fils est un trésor, dit le proverbe. C'était vrai pour Naftoul.

*
* *

La vie coulait ainsi, paisible en apparence. L'affaire Dreyfus, qui avait tant agité les esprits, n'avait pas autant ému cette minorité encore étrangère à la France et qui avait trop connu l'antisémitisme virulent du régime tsariste pour s'étonner de celui qui avait mobilisé une partie de la France chrétienne et traditionnaliste. Cependant, en quel pays d'Europe aurait-on vu autant de sommités intellectuelles ou politiques mener le combat pour que justice soit rendue à un juif innocent contre la haute hiérarchie militaire, si respectée des Français[1] ? Que la justice l'ait en définitive emporté sur l'antisémitisme était pour eux un

---

Bund ne revendiquait ni l'assimilation, ni l'émigration, mais la lutte sur place avec les travailleurs et les socialistes des autres groupes nationaux vivant en Russie.

1. Le père du philosophe Emmanuel Levinas, qui était rabbin en Lituanie, disait : « Un pays où l'on se déchire à propos du sort d'un petit capitaine juif est un pays où il faut aller. »

gage de sécurité. Et une source de fierté, puisque la cause de Dreyfus était aussi la leur.

Mais, en même temps qu'ils révéraient la République, ils ne pouvaient ignorer les défilés sur les boulevards des manifestants criant « Mort aux juifs », comme dans les provinces de l'Empire tsariste. Des juifs avaient été malmenés et des magasins pillés çà et là, notamment en Algérie française. Mais les juifs immigrés avaient compris à l'épreuve de l'affaire Dreyfus que c'était la République qui était leur protectrice plutôt que la France, fille aînée d'une Église catholique qui avait enseigné à ses fidèles l'exécration du peuple déicide. Ainsi, en politique, les juifs se trouvaient massivement dans le camp des républicains. De toutes les nuances de l'arc-en-ciel politique, mais tous républicains.

En vérité, si les juifs se retrouvaient en communauté à Paris en ce début du XXᵉ siècle, ce n'était qu'à l'occasion des grandes fêtes religieuses, pour célébrer Kippour ou Pâques. L'esprit du siècle incitait davantage au culte du savoir et de la raison qu'au mysticisme et à la foi. Les juifs, à cet égard, n'étaient pas différents des autres Français. Par fidélité à une tradition familiale plus qu'au culte, nombre d'entre eux éprouvaient le besoin de se retrouver à la synagogue, en France comme dans toute l'Europe occidentale. Cette pratique avait peu à voir avec la ferveur des communautés juives dans l'Europe centrale ou l'Empire russe, où la piété religieuse faisait des synagogues les foyers vivants du judaïsme. Rien de comparable dans les capitales occidentales, notamment à Paris. Mais demeuraient vivantes, grâce en particulier aux mères juives, des pratiques religieuses réservées aux fêtes du calendrier juif ou de la vie familiale, bar-mitsva[1]

1. Cérémonie marquant la majorité religieuse des jeunes garçons juifs.

ou mariage. Certes, plus le temps s'écoulait depuis l'arrivée en France, plus se distendaient les liens familiaux et la fidélité à la religion juive. Mais combien de juifs auraient osé ne pas paraître à l'heure de la prière des morts, à Kippour, aux côtés de leurs parents ? La synagogue était pleine de ces fidèles d'un soir dont l'émotion tenait plus à l'amour de la famille qu'à l'amour divin. À l'instant solennel où résonnait le *choffar*[1], sous le *talith* des hommes tendu comme un voile au-dessus des têtes, Israël rassemblait les siens. Cette communauté spirituelle ne durait qu'un instant. La prière finale expédiée, les embrassades échangées, l'assistance se dispersait en hâte pour regagner les foyers où le dîner rituel était prêt. La communauté des juifs un instant rassemblée se séparait, comme des rigoles s'écoulent d'un bassin bientôt vide. Les choses n'ont guère changé aujourd'hui...

*
* *

En réalité, l'appartenance des juifs à des classes sociales bien différentes dans la société française de l'époque l'emportait largement sur l'identité religieuse commune.

À la base de la pyramide sociale juive se trouvaient de nombreux immigrés fraîchement débarqués, venus pour la plupart d'Europe centrale ou orientale. Ils

---

1. Corne de bélier dans laquelle souffle l'officiant à plusieurs reprises pour marquer la fin de l'office de Kippour.

parlaient le yiddish, on les appelait les « Yids ». Ce prolétariat constituait une main-d'œuvre disponible pour les commerçants et artisans juifs, tailleurs, fourreurs, casquetiers, etc. Le passage du statut d'ouvrier à celui de patron, à la faveur de l'ouverture d'une boutique ou d'un atelier, se faisait aisément, tant les conditions étaient proches.

Au-dessus se trouvait la foule des commerçants dans les domaines les plus divers, du grossiste au détaillant. On les appelait communément les « juifs ». Ils constituaient la classe moyenne du judaïsme en France.

À un niveau plus élevé de la société française se situait une fraction des juifs plus influente par sa position sociale que par son nombre. Membres de la bourgeoisie urbaine, citoyens français depuis la Révolution, profondément patriotes, cette catégorie réunissait des industriels, des négociants aisés, des membres des professions libérales et des hauts fonctionnaires. Leur caractéristique était l'importance accordée aux diplômes. La réussite scolaire et universitaire, surtout aux concours les plus prestigieux, marquait dans ces familles l'appartenance à une élite qu'elles respectaient par-dessus tout : celle du savoir consacré par la République. Élevés dans le culte multiséculaire de la Loi et du Livre, ces juifs, souvent issus de familles enracinées dans les provinces de l'Est ou dans la région du Sud-Ouest, se voulaient, selon la terminologie officielle, des « citoyens français de confession israélite ». Ce terme « israélite » montrait qu'ils étaient des Français, juifs seulement par leur religion, comme d'autres étaient catholiques ou protestants. La France était leur patrie, le judaïsme leur religion. La République laïque consacrait ces principes. Tout était clair pour ces Israélites français, ardents patriotes et républicains convaincus.

Certes, il y avait en France des antisémites. L'affaire Dreyfus avait dissipé toute illusion à cet égard. Mais il en allait d'eux comme de tous les ennemis de la République. Il fallait les combattre comme tels. Cette vision simplifiée d'une réalité nationale plus complexe permettait aux Israélites français d'aimer passionnément la France parce qu'ils la croyaient acquise aux idéaux de la République.

Enfin, au sommet de cette échelle sociale, se détachait une véritable aristocratie. Banquiers anoblis comme les Rothschild, industriels prestigieux comme Citroën, financiers comme les Pereire ou les Lazare, leurs noms scintillaient au firmament des juifs de France. Bien des années plus tard, observant le comité d'une organisation caritative juive, je me demandai s'il était préférable d'appartenir au Gotha du ghetto qu'au ghetto du Gotha. L'interrogation demeura sans réponse puisque ces deux qualités se confondaient dans les mêmes personnes.

Ainsi, avant la guerre, les juifs de France constituaient une société de classes, du Yid du Marais à l'aristocrate faisant courir sous ses couleurs des pur-sang à Longchamp. Qu'y avait-il de commun entre l'un et l'autre ? Simplement, tous deux étaient juifs. Les nazis allemands et les fascistes français allaient le leur rappeler brutalement.

Mais nul ne pouvait le prévoir en ces années de l'avant-guerre où un chansonnier, le « Barde du café Jupiter », chantait la *Romance du mariage juif à Paris* :

> *Le petit Yid marchand de flanelles*
> *Se marie rue des Tournelles*
> *Le négociant en bijoux faux*
> *S'adresse à la rue Buffault*
> *L'Israélite plus notoire*
> *Va rue de la Victoire*
> *Mais le juif vraiment comme il faut*
> *Se marie à Saint-Pierre de Chaillot !*

On ne saurait mieux décrire le petit monde juif de Paris. Mais une tradition de générosité envers les nouveaux arrivants, les « débarqués », comme les appelaient parfois les Israélites français, s'exerçait au profit des plus pauvres des Yids. Ma mère, des décennies plus tard, se souvenait encore des visites de la baronne de Rothschild à l'école de filles qu'elle patronnait avec munificence. Elle venait s'assurer que les petites immigrées y étaient bien nourries, convenablement vêtues, « propres sur elles » et, surtout, travaillaient bien en classe. Car la baronne n'ignorait pas que, selon la tradition juive, la vraie noblesse est celle du savoir.

Au *shtetel*, pendant ce temps, le déchaînement des violences antisémites, les pogroms de Kichinev et des bourgs avoisinants avaient convaincu Schulim et Idiss de quitter la Russie. Les lettres de leurs deux fils établis à Paris, écrites en yiddish, lues et commentées devant le samovar à l'intention des parents et des amis, apparaissaient comme autant de promesses d'une vie meilleure. Comme l'assurait le proverbe : « Heureux comme un juif en France »...

Schulim, à l'imagination vive, se voyait déjà sur ces Grands Boulevards dont parlaient les journaux russes qu'il lisait à l'auberge. Idiss était plus réservée. D'un côté, elle se languissait de ses fils, ses grands garçons qui vivaient si loin d'elle. De l'autre, elle ne pouvait sans déchirement évoquer son départ du bourg dont elle connaissait toutes les ruelles et les voisins, ce monde familier et rassurant, même si la vie y était souvent dure. À la différence de Schulim, qui lisait et écrivait en russe depuis son service militaire et s'était mis en tête d'apprendre le français dans un petit manuel, Idiss était illettrée. Au *shtetel*, où tout le monde parlait yiddish, cette ignorance-là, cette infirmité de l'esprit, Idiss s'y était habituée parce qu'elle était commune. Mais la nuit, dans le grand lit conjugal où Schulim ronflait puissamment, Idiss ne pouvait trouver le sommeil tant elle s'imaginait perdue dans cette grande ville étrangère qu'on appelait Paris et dont elle regardait le nom, imprimé en caractères latins sur la couverture d'un livre français foisonnant d'étranges images, écrit, lui avait dit Schulim, par un grand écrivain français. Elle avait retenu le prononcé russe de son nom : Victor « Iougo ».

Dans son angoisse secrète, Idiss trouvait toujours un prétexte – la visite de sa sœur qui vivait à Kichinev ou l'arrivée du printemps – pour retarder le départ. Puis elle recevait une lettre de ses fils et annonçait à Schulim qu'il devait prendre les billets à la gare du bourg. Curieusement, alors, c'était lui qui temporisait, évoquant des excuses pour retarder le départ. Idiss se mettait en colère, les voix montaient, et Schulim s'en allait en claquant la porte de l'isba pour revenir tard dans la soirée après une partie de cartes. Il avait en effet continué à jouer, en dépit de ses promesses d'y renoncer pour toujours, quand Idiss en pleurant finissait par lui remettre quelques roubles pour payer ses dettes.

Paradoxalement, cette passion du jeu hâta le départ pour Paris. L'été ensoleillé de la Bessarabie s'achevait.

Déjà s'approchait l'automne, à l'aube froide. La partie de cartes s'était poursuivie toute la nuit, faisant alterner pour Schulim des moments de chance et d'infortune. Mais quand la partie s'acheva aux dernières lueurs des chandelles et que l'on fit les comptes, la vérité apparut. Schulim avait perdu une somme considérable, près de deux cents roubles que, dans la passion du jeu, il avait jouée sur parole et qu'il lui fallait régler. Ce qu'il s'engagea à faire devant témoins dans les quarante-huit heures. Et dont il n'avait pas le premier kopek !

Toute la journée, il courut chez des amis pour emprunter cet argent. Partout, il fut bien accueilli. Mais il ne reçut d'autre secours que des paroles compatissantes ou des promesses vagues, évoquant des rentrées de fonds hypothétiques et lointaines. La vérité était simple. Schulim la découvrit ce jour-là : ses proches et ses amis l'aimaient bien, mais nul dans le bourg n'ignorait sa passion du jeu. On compatissait à son infortune, mais pas question de lui avancer la moindre somme. À quoi bon ajouter à sa dette, disaient les plus bavards, puisqu'il courrait aussitôt jouer – et perdre – cet argent si difficilement économisé par eux ? Ce serait un péché plus qu'une *mitzvah*[1], pensaient les plus religieux. Tout simplement de l'argent perdu, sauf pour ces joueurs professionnels dont Schulim faisait à présent sa compagnie préférée. Quand vint le crépuscule, Schulim, les épaules voûtées, les yeux

---

1. Bonne action, en yiddish.

cernés, rentra chez lui. Idiss, folle d'inquiétude, à laquelle une voisine avait rendu visite pour lui raconter la nuit d'enfer où Schulim avait perdu une fortune, disait-elle, Idiss, qui l'avait imaginé pendu avec sa ceinture à un arbre dans la forêt, se jeta dans ses bras. Et ils mêlèrent leurs larmes sur le grand malheur qui s'était abattu sur eux.

La nuit qui suivit, Idiss et Schulim envisagèrent tous les moyens de se procurer cet argent maudit. Ils dressèrent la liste – très courte – des parents ou des amis auxquels ils pourraient demander un prêt. Mais à chaque nom avancé par l'un, l'autre répondait en soupirant qu'il ne fallait pas y compter parce qu'il mariait sa fille ou que sa femme était malade ou que ses affaires marchaient mal ou simplement qu'il était avare et n'avancerait pas un rouble pour venir en aide à un ami malchanceux. Quant aux parents, ils étaient trop pauvres pour pourvoir à ces fonds et d'ailleurs ni l'un ni l'autre des époux n'oserait leur avouer que c'était au jeu, un péché devant l'Éternel, que Schulim avait ruiné sa famille. Si tant est qu'on puisse parler de ruine s'agissant de gens si démunis.

C'est alors qu'Idiss prit sa décision. La veille, elle avait reçu une lettre de Paris. Une cousine germaine, établie en France depuis dix ans, lui disait de venir avec son mari et sa petite fille, de les rejoindre à Paris où la vie était paisible pour les juifs et où l'on trouvait facilement du travail. Idiss, en écoutant le voisin lui lire la lettre, y vit comme un message divin lui intimant de quitter la terre ingrate où elle était née et de gagner, avec Schulim et Chifra, la nouvelle Jérusalem où l'attendaient ses fils. Elle donna la lettre à Schulim. Quand il eut achevé sa lecture, elle lui dit d'un ton décidé : « C'est un signe qui nous est envoyé, Schulim. Le moment est venu. Il faut rejoindre nos fils à Paris et quitter le *shtetel*. » Schulim lui dit : « Mais je dois payer ma dette, Idiss, c'est une question de dignité ! Sinon je n'oserai plus jamais revenir ici. » Idiss en colère répondit : « Ne parle pas d'honneur à propos de ces tricheurs à l'auberge. Assez avec ça. » Puis, comme Schulim persistait, Idiss lui dit : « Puisque nous partons, à quoi bon garder la maison ? Maintenant, l'hiver arrive et le toit est percé. Ce n'est plus la peine de le réparer, on va vendre la maison comme elle est. Et l'argent que j'avais mis de côté pour le toit, tu n'as qu'à le prendre pour le donner à tes voleurs d'amis. »

Tout se passa comme Idiss l'avait décidé. Schulim, qui ne pouvait plus supporter le regard ironique ou méprisant des habitants du village, prit aussitôt un billet pour Paris afin d'y rejoindre ses fils. Idiss demeura encore au village pour y vendre la maison et les quelques meubles. Le toit n'avait pas été réparé et le vent du nord s'engouffrait par les interstices mal bouchés. Ce fut un rude hiver pour elle.

L e moment était venu du grand départ, celui dont
on ne revient que comme un étranger à ces lieux
qui furent familiers, à ces amis qui furent proches, à
une vie qui fut la vôtre. Bref, partir sans esprit de
retour, sauf comme un visiteur de son passé.

Idiss n'avait jamais quitté le village, excepté pour
de brèves visites à sa famille, à Kichinev. Encore
venait-on la chercher et la raccompagner au *shtetel*.
Et voilà qu'à quarante ans elle allait traverser l'Europe, prendre le train pour la première fois, gagner en
deux jours Vienne où l'attendaient les représentants
des associations juives. Ils accueillaient les immigrés
en transit, venus de tous les ghettos d'Europe orientale, qui se rendaient dans les quartiers juifs d'Europe
occidentale ou au-delà des océans, en Amérique. Le
flux des émigrés, dont beaucoup étaient sans ressources, ne faisait que croître en fonction des besoins
de main-d'œuvre dans les États occidentaux et des
persécutions antisémites dans le Yiddishland. Les plus

hardis cédaient au rêve américain que symbolisait la statue de la Liberté dressée à l'entrée de la rade de New York. D'autres préféraient gagner les capitales d'Europe occidentale ou centrale : Berlin, Londres, Vienne, Amsterdam et aussi Paris, foyer de la liberté, ville de savoir et de culture, dans lesquelles leurs fils (les filles ne comptaient guère à cette époque) pourraient un jour s'illustrer.

Ces rêves-là, les juifs les faisaient dans toute l'Europe orientale dont la plaque tournante était Vienne, capitale du vaste Empire austro-hongrois, où l'art et les audaces intellectuelles fleurissaient dans un cadre institutionnel vermoulu. Dans cette métropole coexistaient banquiers et industriels, intellectuels, artistes et militants juifs de toutes obédiences politiques. Vienne réunissait toutes les passions et les angoisses du monde ashkénaze, Vienne où un peintre autrichien raté nourrissait une haine fanatique des juifs.

*
* *

À Vienne, Idiss et Chifra furent accueillies à la gare par les comités des organisations juives. Certaines étaient déjà sionistes, quelques-unes émanaient du syndicalisme bundiste. D'autres, les plus nombreuses, étaient financées par la communauté juive viennoise qui rivalisait en termes de fortune et de générosité avec ses homologues allemande ou française. La marque distinctive du judaïsme austro-hongrois était la richesse de sa vie intellectuelle et artistique. Philosophes, peintres, écrivains d'origine juive contribuaient à donner à la capitale de l'empire déclinant une modernité et un rayonnement exceptionnels. Un antisémitisme virulent y prospérait aussi, dont témoignait la présence à la mairie de Vienne d'un antisémite militant, Karl Lueger[1].

De cette Vienne impériale, Idiss et Chifra ne connurent que le foyer juif pour les migrants, qu'entretenaient les associations caritatives soutenues par le *Joint*[2] américain. Nombre de jeunes adhéraient à l'idéal sioniste et rêvaient d'une société socialiste dans un État juif reconstitué. Idiss écoutait les discussions sans fin de ces juifs divisés sur leur vision de l'avenir, débattant avec fièvre devant un verre de thé. Pour elle, ces propos n'étaient que fuite devant la dure réalité quotidienne qu'assumaient principalement les femmes. Ces travaux et ces soucis sans fin faisaient d'elles – comme Idiss – ce personnage légendaire : la mère juive, la « *yiddishe mama* »...

De ce bref séjour en foyer collectif à Vienne, Idiss ne parlait guère. Parfois, cependant, elle évoquait à mots couverts un incident qui l'avait affectée. Un personnage douteux avait, dans les jardins du Prater, proposé à Chifra de lui offrir une glace à une terrasse de café. L'innocente avait accepté. Heureusement,

---

1. Maire de Vienne de 1897 jusqu'à sa mort, en 1910.
2. Organisation américaine de secours aux juifs persécutés.

Idiss avait surgi, brandissant son parapluie comme l'ange exterminateur son épée. À ses cris, deux agents étaient accourus et avaient empoigné le scélérat. Satyre ou proxénète, l'histoire maintes fois contée par Idiss ne le disait pas. Mais son regard, des décennies plus tard, brillait encore de la peur et de l'indignation qui l'avaient transportée. Ma mère se bornait à sourire au récit. Mon frère Claude et moi nous délections à entendre notre grand-mère, encore furieuse, prenant Dieu et les convives à témoin de l'infamie des mâles. Elle concluait par cette pensée profonde : « L'homme est mauvais. » Bien des années plus tard, j'avais fait de cet axiome un principe d'éducation. Et je répétais à ma fille Judith, alors âgée de dix-huit ans, qui s'en divertissait : « L'homme est mauvais », ajoutant par prudence : « surtout le jeune homme ». Ainsi se transmet la sagesse des aïeules...

Dans le train qui la menait avec Chifra de Vienne à Paris, dernière étape du grand voyage, Idiss avait, pour la première fois depuis son départ, le cœur plein d'allégresse. Elle allait retrouver Schulim et ses fils. Tout avait été organisé par le *Joint* de Vienne : on lui avait remis le double du télégramme adressé à l'agence de Paris, précisant l'heure de l'arrivée à la gare de l'Est. Au départ du train, la déléguée du *Joint* lui avait glissé quelques florins autrichiens qu'Idiss avait placés dans la petite bourse de cuir accrochée à son jupon, avec les passeports. L'adresse de ses fils à Paris, avec leurs noms calligraphiés en caractères latins, s'y trouvait aussi. Une lettre de recommandation à l'attention du *Joint* de Paris lui avait été remise, en même temps qu'un panier de victuailles casher à l'arôme puissant. Ainsi lestées, elles gagnèrent le compartiment de troisième classe pour dames où leurs places avaient été réservées. On échangea des baisers, Idiss remercia chaleureusement en yiddish la dame du *Joint*. Le train s'ébranla doucement. Adieu Vienne ! Idiss et Chifra n'y revinrent jamais.

De ce voyage-là, ma mère aimait à conter son éton-nement devant la campagne française avec ses petites maisons en brique rouge, si différentes des isbas en bois des villages russes. Je l'imaginais, petite adoles-cente blottie contre la vitre, découvrant ces paysages nouveaux, à côté d'Idiss endormie.

L'arrivée à Paris fut épique. Sur le quai de la gare où devaient les attendre Schulim et ses fils, personne, sauf le représentant du *Joint*, un gros juif barbu qui les accueillit en hurlant leurs noms en yiddish sur le quai. Idiss, éperdue dans la foule des voyageurs, serrait désespérément la main de Chifra, tandis que le barbu à ses côtés la pressait de partir vers l'adresse indiquée.

Enfin, dans son angoisse, elle vit arriver en courant Avroum et Naftoul, que suivait à distance Schulim. Elle se jeta dans les bras de ses fils retrouvés. Schulim embrassait Chifra qui lui avait sauté au cou. La famille tout entière, rassemblée pour la première fois depuis si longtemps, pleurait à chaudes larmes sur le quai de la gare de l'Est. Ni la foule pressée, ni le barbu agité n'existaient plus pour eux à cet instant. Idiss avait tant rêvé de ces retrouvailles qu'elle ne pouvait plus se détacher de Schulim. Un employé de la gare, petit homme moustachu portant uniforme et casquette, s'approcha d'eux car ils gênaient l'accès aux trains.

Avroum, dans un français déjà assuré, mais à l'accent yiddish prononcé, expliqua au porteur de casquette galonné ce qu'il en était. Il sourit à Idiss et lui souhaita la bienvenue à Paris. Ramassant les bagages, les trois hommes suivis des femmes et du Yid volubile gagnèrent la sortie et hélèrent un taxi pour cette circonstance unique. Plus tard, Idiss apprit que le retard était dû à Avroum qui avait confondu sur le plan du métro la gare du Nord avec la gare de l'Est. Constatant leur erreur, les trois hommes avaient couru de l'une à l'autre pour arriver à temps. En vain. Mais quelle importance pour Idiss, puisqu'ils étaient à présent tous réunis à Paris !

Chapitre III

À Paris

Depuis que Schulim les avait rejoints à Paris, ses deux fils Avroum et Naftoul avaient changé de logement. Ils demeuraient à présent rive gauche, dans le quartier de la place Monge, où l'atelier qu'ils avaient loué comportait une pièce de plus pour y loger les parents. On plaça Chifra dans une sorte d'alcôve dont on tirait le rideau pour la nuit. Un vaste local servait d'entrepôt au rez-de-chaussée pour conserver les vêtements usagés qu'un juif polonais, recoupait, retaillait avec une habileté digne du faubourg Saint-Honoré. Une charrette garée dans un coin de la cour sous un auvent servait au transport et à l'exposition de la marchandise. Par la conjonction de la volonté de Naftoul et de la vigueur de la concierge venue d'Auvergne, tout était propre, les lieux comme les hardes. Naftoul se levait à l'aube et partait à la chasse aux vêtements dans les quartiers bourgeois. Son frère le rejoignait plus tard, dans un café où ils avaient pris leurs habitudes. Leur père observait le négoce plus qu'il n'y prenait part, mais, paradoxalement, son intervention, dans les bribes de français qu'il avait vite apprises, concluait souvent avec succès un âpre marchandage. Car Schulim était bel homme et savait parler aux femmes, quels que fussent leur condition et leur langage.

Idiss s'était rapidement faite à cette vie urbaine, si différente de celle du *shtetel*. Quittant rarement le quartier, parlant le plus souvent aux voisins venus de toutes les régions du Yiddishland et fréquentant les boutiques casher, le dépaysement n'était pas trop éprouvant. Comme elle avait l'esprit curieux, elle n'hésitait pas l'après-midi à gagner avec une voisine plus « parisienne », disait-elle, les Grands Boulevards. Elle regardait les étalages et les vitrines, examinait des produits inconnus d'elle, s'informant de tout et ne s'étonnant de rien, sauf parfois d'être là. Elle rentrait vite à l'atelier pour y préparer le dîner, casher évidemment. De temps à autre, elle y ajoutait une pâtisserie car elle était gourmande, ou un fruit, pour elle exotique. Elle aimait particulièrement les oranges, un luxe en Russie, et s'extasiait de pouvoir en acheter à Paris en hiver.

Cette vie paisible, comme retirée dans la grande ville si agitée, lui convenait. Le soir, à dîner, ses fils ramenaient souvent un voyageur originaire de Bessarabie qui faisait une halte à Paris sur le chemin de New York ou Chicago. Ils échangeaient des nouvelles des uns et des autres et débattaient passionnément de politique. « Quand deux juifs discutent, vous entendez au moins trois opinions » dit le proverbe. Le voyageur couchait sur un lit de fer pliant qu'on installait dans l'atelier. L'hospitalité est la richesse des pauvres. Et le petit monde du Yiddishland à Paris en partageait les fruits. Le voyageur demeurait là quelques jours à visiter des connaissances perdues de vue ou des institutions juives. Parfois, il se rendait au siège d'une organisation sioniste pour tenter de gagner la Palestine. C'étaient les temps héroïques des pionniers juifs où l'idéal socialiste se mêlait au rêve sioniste. Mais parmi ces migrants, nombreux étaient ceux qui, à la faveur d'un emploi proposé ou d'une rencontre féminine, décidaient de vivre à Paris et d'y tenter fortune.

Depuis 1791, les juifs français étaient en principe des citoyens comme les autres, jouissant des mêmes droits et soumis aux mêmes lois. Première nation européenne à accorder aux juifs une totale égalité de droits, le pays autorisait les citoyens français « de confession israélite », comme on les dénommait officiellement, à devenir fonctionnaires, magistrats ou officiers, et à exercer toutes les professions libérales. Cette parfaite égalité faisait la gloire de la France dans le Yiddishland. S'y ajoutait l'éclat d'une langue reconnue comme celle de l'élite dans toute l'Europe. L'Alliance israélite universelle veillait à l'enseigner aux jeunes juifs dans le bassin méditerranéen. Ainsi rayonnait la République française dans les communautés juives, et Paris exerçait sa fascination aussi bien sur les intellectuels et les artistes juifs que sur le prolétariat du Yiddishland.

Cet amour n'était pas toujours payé de retour. Les Français, en majorité catholiques et ruraux, ne connaissaient souvent des juifs que les clichés hostiles ou méprisants, répétés inlassablement à leur sujet : ils étaient riches, avares et étrangers à la « vraie » France, celle des villages et des églises dont les clochers se dressaient dans le ciel. Nombre de Français, dans les campagnes et les petites villes, n'avaient jamais connu de juifs, sauf pour les hommes, au service militaire. Les catholiques intégristes rejetaient le peuple déicide, la bourgeoisie d'affaires jalousait les juifs pour leurs succès, les professions libérales s'estimaient envahies par eux. Des écrivains de droite les prenaient volontiers pour cible, et les nationalistes les dénonçaient comme des sans-patrie, prompts à trahir celle où le sort les avait conduits. Le mythe du complot juif international organisé pour dominer le monde trouvait partout des échos. Certes, l'État protégeait les droits des juifs comme citoyens. Mais bien des Français ne les considéraient pas comme de « vrais » Français, même s'ils l'étaient depuis des siècles. Pour eux, les juifs avaient beau donner tous les gages du patriotisme, ils n'en demeuraient pas moins des étrangers sur la terre de France, plus hospitalière dans ses lois que dans les cœurs.

Certes, on était loin en France de l'antisémitisme virulent qui régnait en Russie ou en Europe centrale. Mais dans la société française, même admis aux plus hautes fonctions grâce aux concours universitaires et aux élections démocratiques, les juifs appartenaient à une catégorie particulière de citoyens, comme dans d'autres démocraties européennes – et même aux États-Unis. Parmi les juifs eux-mêmes, une distinction informelle s'opérait entre les Israélites français, établis en France depuis des lustres, et les juifs étrangers ou naturalisés. Ainsi la communauté juive ne constituait pas ce bloc homogène aux intérêts liés que dénonçaient les pamphlétaires antisémites. Quant au projet sioniste, il relevait plus de l'imaginaire que du réel. Il existait aussi un mouvement sioniste en France, mais ses militants étaient peu nombreux, et comme le disait le brocard : « Un sioniste est un juif qui paye un autre juif pour envoyer un troisième juif en Palestine »...

Le véritable clivage entre les juifs était d'ordre social et culturel. Les Israélites, nés en France et souvent français depuis des générations, parlaient la langue française sans accent étranger. Certains même y excellaient. Orateurs réputés au Parlement et au Palais de Justice, ils rivalisaient avec leurs homologues chrétiens. Il en allait de même pour les écrivains ou les journalistes. Leur talent importait plus que leur origine. Mais la jalousie confraternelle veillait à maintenir d'informelles barrières. Ainsi, au barreau de Paris, il n'y avait jamais eu avant 1914 d'avocat juif élu bâtonnier par ses confrères, même si les vertus professionnelles de certains étaient reconnues. La xénophobie autant que l'antisémitisme inspiraient ces discriminations tacites. Certains écrivains ou caricaturistes germanisaient les propos des personnages juifs dans leurs œuvres. En fait, c'était la prononciation yiddish que ces auteurs reproduisaient. Trait mineur sans doute de l'antisémitisme, mais révélateur de l'idée qu'un juif ne pouvait être un « vrai » Français.

Pour Idiss, le premier problème n'était pas son judaïsme ni sa nationalité étrangère, mais son analphabétisme qu'elle tentait de maîtriser par l'acquisition de termes français qu'elle répétait patiemment. Parfois, petit garçon, je la surprenais seule, un journal illustré déplié devant elle, son index posé sur la légende d'un dessin. Mais l'obstacle était trop grand, l'inhibition trop profonde. Elle hochait la tête et je ressentais son chagrin.

La revanche d'Idiss allait venir de sa fille Chifra et se poursuivre avec ses petits-enfants. Au village, en Bessarabie, l'éducation des filles n'était pas une priorité pour les parents. Schulim et Idiss étaient pauvres, mais Schulim voulait absolument que Chifra sache lire, écrire et compter. C'est ainsi qu'il l'avait envoyée à l'école du village pour apprendre les éléments de base de toute éducation, en russe évidemment.

Arrivée à Paris, parlant couramment le yiddish et le russe, Chifra, prénommée dorénavant Charlotte, gagna l'école primaire gratuite et républicaine, conformément à la loi française. Schulim, vêtu d'une veste noire et d'un pantalon rayé achetés en solde, s'en fut à l'école primaire que la concierge lui avait obligeamment indiquée, avec Charlotte chaussée de bottines à boutons venues de Russie, bien droite et tenant fermement la main de son père. Cette école se partageait en deux bâtiments identiques : l'un pour les garçons, l'autre pour les filles, réunis par un édifice central réservé à l'administration. L'école était séparée de la rue par un mur à mi-hauteur surmonté d'une grille. Un drapeau tricolore flottait au fronton du bâtiment central. La devise républicaine était gravée au-dessus de l'entrée. C'était la République triomphante ouvrant à ses enfants les voies de la connaissance. Ainsi, Chifra-Charlotte fit son entrée à douze ans dans le monde du savoir...

Bien des décennies plus tard, ma mère évoquait encore avec reconnaissance l'école primaire où instituteurs et institutrices lui avaient, disait-elle, « tout appris », c'est-à-dire lire, écrire, compter en français, et aussi les rudiments de l'histoire – d'abord celle de la France – et de la géographie, sur les grandes cartes en couleurs que le maître accrochait au tableau noir. Surtout, ma mère nous parlait de monsieur Martin, le sous-directeur, qui enseignait le français à ces enfants d'immigrés qui n'en connaissaient que quelques mots usuels. M. Martin, à entendre Charlotte, n'était rien de moins qu'un missionnaire de la culture française dépêché dans ces quartiers populaires de Paris où s'entassaient dans des immeubles vétustes les familles d'immigrés.

Ce que voulait M. Martin, instituteur de la République, c'était transformer ces enfants venus d'ailleurs en petits Français comme les autres, auxquels il enseignait les beautés de la langue française, la grandeur de l'histoire de France et les principes de la morale républicaine. Car M. Martin était profondément patriote. Il croyait à la mission civilisatrice de la France, et la devise républicaine était son credo. Il admirait Jaurès, courait à ses réunions, lisait *L'Humanité*. Il avait foi dans un avenir meilleur où régneraient le socialisme et la paix par l'arbitrage international. Comme il était patriote, il n'oubliait pas l'Alsace-Lorraine que les Allemands nous avaient injustement arrachée. Mais comme il était pacifiste, il pensait que c'était par le droit à l'autodétermination des peuples que les territoires perdus reviendraient un jour à la République française. Dans son métier, M. Martin avait fait sienne la devise de Jaurès : « Aller vers l'idéal en partant du réel ». L'idéal pour lui, c'était dans sa modeste école parisienne de faire reculer l'ignorance et les préjugés, et d'ouvrir ces jeunes esprits au monde de la connaissance et aux beautés de la culture française.

M. Martin, en bon militant, ne se contentait pas de paroles. L'action était chez lui fille de la conviction.

Aussi organisait-il à l'école, en sus des programmes obligatoires, des cours complémentaires gratuits de langue et civilisation françaises. Tous les élèves étaient appelés à y participer. Là, M. Martin déployait ses talents pédagogiques et ses vertus patriotiques pour donner aux enfants ce que les programmes n'assuraient qu'insuffisamment : l'accès à la poésie et au théâtre. Il faisait jouer par ses élèves *Le Malade imaginaire* et *L'Avare*, et réciter des fables de La Fontaine ou *Les Châtiments* de Victor Hugo.

Le soir, de retour à l'atelier, Charlotte répétait les textes déchiffrés dans le cours de M. Martin. Schulim hochait la tête avec une mine grave aux poèmes de Hugo, Naftoul riait aux mimiques de Charlotte jouant Harpagon, et Idiss, transportée de bonheur, écoutait sa fille déclamer du Racine. Elle demandait à Avroum de lui traduire le texte en yiddish, ce qu'il refusait de faire en arguant de l'inutilité de ces exercices. Mais pour Charlotte, l'écoute d'Idiss était la plus belle des récompenses. Quand, la soirée achevée, retirée dans sa petite alcôve, Charlotte récitait, non sans dommage au texte, une fable de La Fontaine, Idiss attentive écoutait l'enfant dire un texte qu'elle, sa mère, ne comprenait pas toujours, mais qui lui était une musique au cœur.

La plus grande joie pour Idiss était, quand un Yid venu de Russie, recommandé par un ami de là-bas, s'installait pour quelques jours dans un coin de l'atelier, de lui faire entendre un poème français dit par Charlotte avec application. L'hôte s'émerveillait prédisant qu'elle serait une grande actrice, une deuxième Sarah Bernhardt, disait-il, car la diva de la Comédie-Française était célébrée dans tous les ghettos d'Europe, moins pour son talent que pour son origine juive. Idiss secouait la tête en riant, mais au fond d'elle-même rien de la part de Charlotte n'aurait pu l'étonner. Car elle aimait ses fils, mais adorait sa fille, fruit de la passion qu'elle avait vécue avec Schulim à son retour de l'armée.

Avec un maître tel que M. Martin et grâce à sa volonté qu'elle avait déjà forte, Charlotte fit des progrès scolaires foudroyants. Bien vite, elle maîtrisa les rudiments de la grammaire et se débarrassa de son accent yiddish, à l'émerveillement des amis et voisins qui la citaient en exemple à leurs enfants. Le soir venu, le dîner achevé, Chifra-Charlotte donnait à Naftoul et à quelque hôte de passage des leçons de français, traduisant pour eux des articles d'un journal yiddish de Paris, dont ils répétaient après elle une version française souvent originale.

Vint le temps du certificat d'études. Charlotte, bien préparée par M. Martin, triompha de ses épreuves, notamment en français. Elle revint de l'école, où Idiss avait été la chercher, brandissant son diplôme avec une fierté partagée par sa mère. Idiss avait préparé pour elle et quelques copines de classe un repas de fête où figurait une palette de pâtisseries riches en noix, miel et raisins secs. Le certificat d'études avait été placé bien en vue sur le buffet Henri III, acheté au marché aux puces chez un ami de Naftoul. La fête dura tout l'après-midi. Idiss rayonnait. C'était le premier diplôme français obtenu par la famille. Quel bonheur ! Quelle fierté !

À considérer la vie de ma mère, j'ai souvent pensé qu'elle n'était pas née à la bonne époque. Je ne parle pas des moments tragiques qu'elle a connus pendant l'Occupation nazie. Ce fut là une catastrophe pour les juifs, et pour elle une succession de malheurs et de souffrances. Je rêve simplement à ce qu'aurait pu être sa vie si elle était née une génération plus tard, dans une société française et un milieu juif différents.

Avec sa volonté sans faille et sa passion pour l'étude, ma mère aurait pu, si la voie lui avait été ouverte, accumuler les diplômes universitaires et enseigner, ce qui était sa vocation. Mais il lui aurait fallu grandir dans un autre environnement familial et social. Certes, chez les juifs immigrés, le culte du savoir demeurait vivace. La tradition voulait cependant que l'étude soit le privilège des hommes et que la vie quotidienne, l'éducation des enfants et le soin des parents âgés demeurent l'apanage des femmes. Cette répartition des rôles au détriment des femmes ne jouait guère dans les rapports quotidiens au sein des familles où, en fait, la mère juive exerçait souvent le pouvoir. Elle n'en pesait pas moins lourdement sur la condition des filles. La rigueur des mœurs conjuguée à la tradition religieuse affectait autant les jeunes juives que les catholiques.

Charlotte ne gagna donc pas le lycée, au regret de M. Martin et à sa frustration personnelle. Elle s'efforça d'apaiser sa soif d'apprendre à d'autres sources. Elle fréquenta assidûment la bibliothèque municipale. Bien conseillée par le bibliothécaire, lui aussi animé par ses convictions républicaines et voyant dans l'instruction publique, laïque et obligatoire le plus puissant levier du progrès social, Charlotte découvrit les chefs-d'œuvre de la littérature française. Classiques, romantiques, contemporains, tout était matière à son désir de savoir. Elle assistait avec des amies aux cours du Conservatoire des arts et métiers, ouverts au public. En de tels lieux, on croyait à la transformation de la société et à l'égalité des droits des femmes, grâce à des lois audacieuses votées par des majorités de gauche. Certains rêvaient à la révolution qui jetterait bas l'édifice vermoulu de la société bourgeoise et construirait la cité socialiste. Ainsi, dans ces cours où Charlotte et ses amies se rendaient assidûment, rayonnaient l'esprit de la République inspirée par les philosophes, et la foi dans l'instruction du peuple exprimée par Condorcet. Quant à l'éducation artistique, la pratique du piano et la fréquentation des grands musées y pourvoyaient.

La situation matérielle de la famille s'était, à force de travail, améliorée. Au commerce de vêtements usagés s'ajoutait leur recyclage, où vieux complets et robes d'hier retrouvaient la mode du jour. À l'atelier, devenu trop petit, avaient succédé des locaux plus vastes où travaillaient sur leurs machines à coudre des « mécaniciennes » venues de Pologne ou des Carpates. Idiss s'y rendait volontiers, non pour jouer la patronne, mais parce que, le yiddish y régnant en maître, elle y trouvait l'écho de sa jeunesse.

La Grande Guerre, celle de 1914-1918, plaça les juifs européens dans des situations complexes. En France, les immigrés juifs s'engagèrent massivement. Pour ceux des États belligérants, chacun suivit la voie que sa nationalité lui assignait. Ainsi, un juif russe demeurant en France devait en principe rejoindre son corps dans l'armée impériale. Des officiers russes avaient été envoyés en France pour veiller au rassemblement des hommes et à leur acheminement vers la mère patrie, sauf à constituer en France des unités russes qui combattraient sous leur drapeau sur le front français.

Avroum, l'aîné des fils d'Idiss, marié et père de famille, fut dispensé de service actif pendant les premiers mois de la guerre. La révolution survenant en Russie en février 1917 tarit le recrutement des Russes sur le territoire français. Et pendant les derniers mois du conflit, alors que la guerre civile sévissait en Russie, Avroum attendit une convocation des autorités militaires russes en France qui ne vint jamais pendant cette période révolutionnaire. Quant au cadet, Naftoul, sa santé fragile lui interdisait toute participation aux opérations militaires. Ainsi fut-il déclaré inapte au service.

C'est alors que Schulim, qui avait servi jadis dans l'armée du tsar et qui, singulièrement pour un juif bessarabien, aimait la vie militaire, fit savoir à la famille médusée qu'il avait demandé son incorporation dans l'armée française. Idiss, en apprenant ce coup de folie de son mari qui approchait la cinquantaine, faillit s'évanouir. Elle le voyait déjà au front, dans les tranchées ! Le Conseil de révision qui examina le candidat à la gloire militaire le félicita, mais l'éconduisit. « Tous les jeunes gens devraient avoir le même courage que vous », conclut le major.

L'accueil d'Idiss au héros dépité n'eut rien de glorieux. Naftoul, qui avait accompagné son père jusqu'à la caserne où se tenait le Conseil de révision, avait devancé son retour dès qu'il avait appris la décision. Il en avait avisé Idiss qui, devant cette dernière folie de son mari, avait le sentiment de revivre les mêmes angoisses qu'à Edinetz vingt ans plus tôt, quand Schulim, éclatant de force et de jeunesse, était parti au service militaire. Heureusement, l'épreuve avait pris fin avant de prendre corps. Idiss n'en fondit pas moins en larmes à son retour et se jeta dans ses bras en maudissant les hommes qui, même âgés comme Schulim, continuaient à jouer les jeunes gens.

Pour Chifra, il n'y avait qu'à en rire. Toute la famille informée par Idiss manifesta son incompréhension. Avait-on jamais vu un Yid de son âge courir à la guerre ? Mais Schulim en jugeait autrement. La France les avait accueillis, lui et sa famille. Il fallait, à l'heure du péril, combattre pour elle, comme tous les Français avec lesquels il vivait. Il se faisait lire par Charlotte les journaux qui consacraient des pages entières aux opérations militaires. La véracité des informations importait moins que l'effet sur le moral des civils.

Évidemment, le parcours militaire de Schulim, qui n'avait pas dépassé la caserne, ne méritait point que la grande presse s'en fasse l'écho. Mais la nouvelle que Schulim, la cinquantaine atteinte, s'était spontanément présenté aux autorités militaires pour aller combattre l'envahisseur allemand avait suscité une mention dans un journal yiddish qu'il avait mise dans son portefeuille. Il avait acheté une capote militaire à un vétéran démobilisé pour cause de blessures. Ainsi, Schulim se promenait dans un accoutrement qui lui valait dans le métro la considération d'inconnus lui proposant leur place assise, qu'il refusait. Idiss observait avec ironie ce déguisement et ne manquait pas de ramener Schulim à sa condition réelle de marchand d'habits, comme Naftoul, son fils cadet.

Chapitre IV

À Fontenay-sous-Bois

L a Grande Guerre se poursuivait. Elle s'étendait
bien au-delà du continent européen. Mais chacun
savait que la victoire se jouerait en dernier lieu sur le
front français. La liste des morts ne cessait de s'allon-
ger, les communiqués plus optimistes que véridiques
du haut état-major scandaient les noms de Verdun
et de la Somme. Des bombes lâchées par les aéro-
nefs allemands tombèrent sur Paris, tuant des civils
et semant l'angoisse. Un énorme canon allemand,
surnommé par dérision la Grosse Bertha, prénom de
la fille de Krupp, le grand industriel de l'armement
allemand, bombardait la capitale.

Schulim décida de quitter le centre de Paris pour
gagner avec les siens la banlieue proche. La sœur
d'Idiss et sa famille s'étaient établies à Montreuil-
sous-Bois, à l'orée du bois de Vincennes. Ils s'y trouvaient bien et Schulim, toujours moderne, pratiquait
le vélo dans les allées du parc. Un appartement se
trouvant libre à Fontenay-sous-Bois, très proche de

Montreuil, dans un petit immeuble à proximité de la gare qui desservait Paris, la décision fut prise de s'y établir. C'était en 1917, la victoire s'annonçait avec l'entrée en guerre des États-Unis, mais l'armée allemande se montrait toujours aussi combative.

Bien des années plus tard, Idiss racontait encore comment, un matin d'avril 1918, devisant avec elle dans la cuisine, sa cousine et elle avaient entendu s'élever de l'appartement du rez-de-chaussée des hurlements de douleur. C'était la voisine à laquelle un militaire venait d'apporter le pli officiel lui annonçant la mort de son fils, « tombé au champ d'honneur ». « Jamais, disait Idiss au cœur sensible, je n'avais entendu pareils cris, qui se répétaient à intervalles réguliers, entrecoupés de sanglots. » Son fils, un beau jeune homme à la moustache fine, avait souri à Charlotte à sa dernière permission. « En entendant ces cris de mère, je mesurais, disait Idiss, combien la guerre était une chose affreuse. » Elle ne pouvait imaginer que la prochaine serait pire encore pour les siens.

Idiss, Schulim et Charlotte appréciaient le calme de la vie dans cette paisible banlieue qui conservait une quiétude provinciale. La présence de sa famille à quelques rues de distance assurait à Idiss une sorte d'apaisement, comme si Fontenay-sous-Bois avait acquis le charme rassurant d'un petit *shtetel* en Île-de-France. Idiss retrouvait dans le bois de Vincennes, si proche de Fontenay, les odeurs et les couleurs des forêts qui avaient entouré son enfance. Les soirs d'été, après dîner, elle se rendait volontiers au bras de Schulim dans la clairière où l'orchestre municipal jouait polkas et valses avec plus d'entrain que de talent. L'après-midi, elle retrouvait sa sœur au pied d'un grand chêne séculaire, dont la légende voulait que saint Louis y ait rendu la justice aux paysans. Le chêne protégeait du soleil les deux sœurs qui s'affrontaient dans des parties de cartes. Les invectives en yiddish et les accusations de tricherie ne faisaient pas défaut, car les deux femmes, si douces à l'ordinaire, se laissaient emporter par la passion du jeu.

La grande distraction, le moment de plaisir attendu, demeurait la séance de cinéma du samedi soir. À peine avalée la dernière bouchée, Idiss se précipitait à l'Eldorado, le petit théâtre local transformé en salle de projection. Schulim, peu amateur du nouvel art, qui lui donnait mal à la tête, ne la suivait que rarement. Mais escortée par Naftoul ou Charlotte, Idiss était assurée d'y retrouver sa sœur et des neveux et nièces. Le film muet, accompagné par une dame pianiste au toucher volcanique, demeurait, pour ces femmes qui avaient découvert le cinéma à leur arrivée en France, une source d'émerveillement. Les films à épisodes nourrissaient non seulement les émotions du samedi soir, mais les commentaires pendant la semaine suivante. Comme l'exigeait l'art du feuilleton, l'épisode projeté s'arrêtait au moment le plus dramatique : l'héroïne ligotée par ses ravisseurs gisait sur les rails du chemin de fer tandis que s'approchait un train lancé à grande vitesse, ou bien le beau mousquetaire faisait face à quelques spadassins en protégeant de son épée une belle échevelée. Idiss aimait aussi les films comiques où triomphaient Max Linder et Charlot. L'absence de dialogues la mettait de plain-pied avec les autres spectateurs. Si les cartons écrits insérés dans le film lui demeuraient inaccessibles, une phrase brève en yiddish murmurée à son oreille par un membre de la famille y suppléait. Idiss élargissait aussi sa vision du monde à la mesure des actualités qui ouvraient chaque séance. Au fil des ans, Fontenay-sous-Bois lui devenait familier, comme sa compréhension du français plus étendue. S'il lui arrivait d'évoquer le passé, c'était encore en yiddish. Mais elle recourait de plus en plus à des termes français. Ainsi s'exprimait-elle dans un idiome international que ses interlocuteurs, à force de sourires et de hochements de tête, finissaient par comprendre.

*
* *

Ce fut le grand vent de la modernité qui transforma la condition d'Idiss. Non que sa vie ait été emportée par le tourbillon des Années folles. Impossible d'imaginer Idiss s'adonner au tango ou lever le genou dans un charleston. Mais à sa manière discrète, Idiss se modernisait, se parisianisait. Elle n'avait pas attendu la guerre pour remiser la perruque que la tradition juive imposait aux femmes. Dès l'arrivée d'Idiss en France, Schulim avait exigé qu'elle laissât pousser sa riche chevelure brune. Puis on la vit discrètement troquer le foulard pour un chapeau cloche dont la coupe et la couleur évoquaient celui qu'arborait Mistinguett. Charlotte soutenait avec ardeur ces transformations. Avroum ricanait, mais Naftoul applaudissait en disant à sa mère qu'elle serait bientôt la femme la plus chic de Fontenay. Ce qui importait surtout pour Idiss, c'était le sourire de Schulim, le dimanche, en la voyant poser précautionneusement devant le miroir le chapeau sur sa chevelure. Quand elle se retournait, il lui présentait son bras et tous deux partaient fièrement, côte à côte, vers le bois, salués au passage par quelques connaissances du quartier. Au visage réjoui de Schulim, même le plus pessimiste des Yids n'aurait pu dire que le bonheur pour les juifs n'est pas de ce monde...

La Grande Guerre venait de s'achever quand le malheur frappa Idiss au cœur. Schulim, son époux, son amour, si charmant avec toutes les femmes, à commencer par la sienne, fut frappé par la maladie. Sa famille le vit maigrir, son teint prit le ton de l'ivoire. Jadis droit, tels les militaires de l'armée russe, il se voûtait comme si la vie lui était devenue un fardeau trop lourd.

Schulim se rendit à l'hôpital accompagné d'Idiss et de Charlotte qui servait d'interprète. Il connaissait déjà la vérité avant même que le professeur, entouré de ses internes, ait formulé le diagnostic : cancer de l'estomac avec atteinte aux intestins. Autant dire, en l'état de la médecine à cette époque, un verdict de mort. Le professeur évoquait un traitement aux rayons X, peut-être une opération chirurgicale. Les internes hochaient la tête pour approuver leur patron. Idiss, qui avait tout compris avant même qu'il eût achevé son propos, avait agrippé la main de Schulim et laissait les larmes ruisseler sur ses joues. Elle avait toujours eu peur de le perdre, son don de Dieu, son Schulim chéri. Et là, dans ce cabinet blanc, ces médecins en blouse blanche penchés sur lui, si pâle, tout ce blanc autour d'elle la saisissait comme la vraie couleur de la mort qui allait l'emporter.

Le professeur, mesurant le désespoir de cette âme simple, murmura quelques mots à l'interne penché à son côté. Celui-ci se redressa et fit signe à Charlotte éperdue de le rejoindre au fond du cabinet. Il lui expliqua à mots simples, hors tout jargon médical, que son père était très atteint, mais qu'il existait des techniques nouvelles, qu'on allait les mettre en œuvre, qu'il faudrait attendre quelques mois pour savoir si le cancer était arrêté et même vaincu. Charlotte écoutait ces propos prononcés à voix basse. Elle se raccrochait à tout ce qui pouvait nourrir une espérance. Mais au fond d'elle-même, par une communion secrète avec son père malade, elle savait qu'il était perdu, que le cancer ne lui ferait pas grâce et que tout l'amour des siens ne suffirait pas à élever une barrière protectrice autour de lui.

Son père bien-aimé allait mourir. Cette pensée lui était insupportable. Idiss, assise de l'autre côté du lit, avait posé sa main sur celle de son mari. Le professeur sentit que le moment était venu de les laisser seuls avec leur peine. C'est alors que Schulim, sans ouvrir les yeux, dit à Idiss et à Charlotte qu'il voulait quitter l'hôpital le plus vite possible et s'en retourner chez lui, à la maison, avec les siens. Et il ajouta en yiddish, les yeux toujours fermés, ces mots terribles : « pour y mourir en paix près de vous ».

Son vœu fut exaucé. Schulim ne s'alita pas tout de suite. Il continua à mener sa vie quotidienne, mais au ralenti. Idiss veillait à ce qu'il ne soit jamais seul, à la maison ou quand il sortait se promener, toujours élégant mais de plus en plus voûté. La famille l'entourait sans jamais lui peser. À plusieurs reprises, il dut gagner l'hôpital pour des séances de rayons qui l'épuisaient. Quand il regagnait la maison avec Idiss et Charlotte, son pas était toujours plus lent. Il ne restait du bel homme qu'il avait incarné que la fierté du regard et la noblesse du profil que l'amaigrissement avait dégagé. Peu à peu, les distances qu'il parcourait dans ses promenades se faisaient plus courtes, les haltes sur les bancs plus fréquentes. Schulim préférait à toute autre la compagnie de Charlotte, parce que tout en elle disait le bonheur de vivre. Il conservait face à la maladie le courage dont il avait toujours fait preuve. Et surtout la même dignité. Au printemps, on tenta un nouveau traitement. En vain.

Idiss et Charlotte accompagnaient Schulim à l'hôpital pour chaque séance de radiothérapie. Celles-ci prenaient du temps à cause des appareils encore primitifs à cette époque. Schulim était le patient idéal. Il ne voulait gêner personne, il ne se plaignait jamais et affichait un optimisme que l'évolution de la maladie ne justifiait pas. C'était pour remercier les médecins et les personnels de l'hôpital qu'il répondait invariablement aux questions rituelles sur son état : « Merci docteur, tout va bien », sans qu'on sache s'il évoquait le déroulement du traitement ou son état de santé. Le professeur, lui, n'était pas dupe de la délicatesse de Schulim. En vérité, le dénouement n'était plus qu'une affaire de mois, puis de semaines et enfin de jours.

À présent, la famille ne quittait plus le pavillon de Fontenay-sous-Bois où, à sa demande, on avait ramené Schulim après une ultime séance de radiothérapie. Les enfants se succédaient dans la salle à manger du rez-de-chaussée tandis que leur père se reposait dans la pénombre de la chambre conjugale, volets tirés sur la clarté du soleil de juin. La nuit, on dépliait un lit de fer pour Idiss. Elle écoutait sa respiration, prête à intervenir à tout moment si le rythme perdait sa régularité. Mêlée aux souvenirs du passé, l'angoisse de le voir partir pour toujours la tenaillait. Idiss, qui avait de la religion, comme on disait de ceux qui suivent les rites, croyait à une existence après la mort, à une survie de l'être aimé. Mais jamais elle n'en fit confidence à ses petits-enfants.

En dépit des traitements, Schulim déclinait et ses traits s'émaciaient encore. Les douleurs devenaient plus cruelles, à cette époque où la souffrance des malades n'était guère prise en considération. Idiss se sentait impuissante à le soulager, à l'aider à gagner le rivage de paix vers lequel il glissait. De temps à autre, il ouvrait les yeux, pressait la main d'Idiss ou de Charlotte quand elle était là. Il regagnait ensuite le cours du fleuve noir qui l'emportait. Parfois, il sursautait comme si son corps était devenu un champ clos où la vie et la mort se combattaient encore. Mais chacun savait – et Idiss la première – quel serait le vainqueur. Sa vie à présent s'enfuyait. Seule sa main posée sur celle d'Idiss donnait encore un signe de sa présence ici-bas. On aurait dit, à la voir par moments se fermer puis se rouvrir, que c'était un dernier message d'amour pour Idiss. La main tressaillit encore une fois. Puis retomba ouverte sur le côté.

Charlotte, « Chifrelé » comme Schulim l'appelait en yiddish, se pencha vers ce visage pour toujours apaisé et posa un baiser sur son front. Naftoul et Avroum vinrent à leur tour embrasser leur père mort. Le Kaddish s'éleva, dit par ses deux fils. Schulim avait quitté ce monde en bon juif, à cinquante-six ans. Il ne restait plus qu'à prier pour lui et pour Idiss, dont les larmes coulaient sur le visage ravagé. C'était le 26 juin 1920.

Pendant la semaine qui suivit la mort de Schulim, dix juifs, parmi lesquels ses fils, se réunirent au domicile familial à la tombée du jour pour dire le Kaddish en hommage au mort. Comme il est prescrit dans la Loi, on enterra son corps sans tarder. Pressentant sa mort prochaine, Schulim avait acheté avec l'accord d'Idiss un caveau familial dans le nouveau cimetière de Bagneux, dans la banlieue sud de Paris. Schulim aurait aimé reposer dans le cimetière Montmartre, dans un quartier qui lui était plus familier. Mais il n'y avait plus guère de place et Idiss préférait être enterrée à l'écart de la grande ville, dans une banlieue tranquille où demeuraient encore maraîchers et horticulteurs.

Le deuxième jour après sa mort, parents et amis se retrouvèrent à Bagneux, à l'entrée de la grande allée qui traverse le cimetière. Des groupes se formaient, selon les parentés et les amitiés du défunt. Il faisait beau en ce jour d'été 1920, comme si le soleil accompagnait une dernière fois Schulim. Les conversations se turent quand parut la voiture des pompes funèbres transportant le cercueil. À l'avant du véhicule, Idiss était assise à côté de Charlotte, ses fils derrière elles sur la banquette. Sous le voile noir des veuves, le visage blême, Idiss se tenait droite, raidie par une peine infinie qu'elle ne voulait pas laisser l'emporter. C'était toute sa vie avec Schulim qu'elle portait dans cette terre ouverte pour l'accueillir. Derrière eux, de chaque côté du cercueil, se tenaient assis le rabbin et le « hozen », le chantre de la synagogue de la rue Pavée. Tout à l'heure, sa voix puissante ferait monter vers le ciel les prières pour les morts. À cet instant, le rabbin relisait les feuillets de son discours pour honorer Schulim. Dans le long véhicule noir, on n'entendait plus que les sanglots étouffés de Charlotte.

Parvenue à proximité de la fosse ouverte, la voiture s'arrêta, Idiss et les enfants descendirent. Le cercueil de chêne fut posé sur deux montants d'acier. Le groupe des parents et des amis l'entoura. Le rabbin fit l'éloge du mort, insistant sur ses qualités de père et d'époux et son attachement au judaïsme. Rien, dans ses propos, que de convenu. Pour tous les présents, c'était ce discours traditionnel que l'on attendait de lui.

Cet enterrement juif dans la banlieue parisienne fut conforme à ce que l'on aurait vécu dans des circonstances identiques à travers l'Europe occidentale. À cette heure où le cercueil de Schulim était descendu dans la terre de France, Idiss ressentait le vide abyssal que suscitait dans sa vie la mort de son mari. Heureusement, elle était croyante à sa façon, naïve. Elle pensait que son époux bien-aimé l'attendait là-haut et qu'elle le retrouverait pour l'Éternité, après l'avoir rejoint, cercueil contre cercueil, dans ce caveau béant où elle avait jeté un peu de terre, comme le veut le rite. Idiss aurait voulu déjà reposer à ses côtés dans le caveau. Elle n'en pouvait plus d'entendre ces gens qui défilaient à présent en murmurant des paroles inaudibles pour elle. Naftoul à son côté sentit la douleur de sa mère comme si elle était sienne. Il dit quelques mots en yiddish à Charlotte. Celle-ci prit Idiss par le bras et doucement l'entraîna à l'écart, loin du trou où le cercueil était déposé. Un banc s'offrait, Charlotte guida vers lui Idiss que les sanglots déchiraient. Elle s'assit ou plutôt s'effondra sur les lattes de bois. Charlotte se tint debout devant elle pour la protéger, l'isoler, éviter qu'un parent ou un ami bien intentionné s'approche pour lui parler, lui dire quelques mots convenus. Et comme Idiss tournait son visage vers elle, lui disant qu'elle voulait partir, rentrer chez elle le plus vite possible, Charlotte fit quérir le chauffeur de la voiture de louage. Il accourut, en long manteau bleu flottant sur des bottes à lacets. Et Idiss quitta le cimetière de Bagneux où Schulim repose encore.

Chapitre V

Le mariage de Charlotte et Simon

À cette période, apparut à l'horizon familial un nouveau personnage qui allait jouer dans la vie de Charlotte un rôle décisif : Simon, mon père.

En vérité, il se prénommait Samuel, comme le prophète, mais à l'époque, les juifs immigrés francisaient leur prénom. Ainsi Samuel adopta le prénom de Simon, sous lequel je l'ai toujours connu. Sa volonté d'intégration, de francisation, était si forte que mon frère et moi fûmes déclarés à l'état civil, avec l'accord de notre mère, sous un seul prénom, lui Claude et moi Robert. Rien de plus banal à l'époque, ni de plus français. Il était hors de question pour mes parents de donner à leurs enfants nés en France des prénoms russes ou bibliques, même de belle sonorité.

Souvent, j'ai rêvé à leur rencontre. Parce qu'il s'agit de mes parents, mais aussi parce qu'elle survint au « bal des Bessarabiens de Paris ». Ces quelques mots réunis ont pour moi un charme suranné. Ils évoquent les visages disparus, les tenues qui se voulaient chics. Les femmes en tuniques du soir semées de perles de culture, les hommes en smokings étriqués, tous arboraient des sourires heureux, comme l'époque à Paris. À les regarder aujourd'hui et sachant la suite de l'histoire, un sourire mêlé de compassion me vient aux lèvres. Mais pour eux, à ce moment de leur vie, place à la clarinette, au saxophone, à ce qu'ils croyaient être du jazz américain et qui n'était que sa version « Kreipler[1] » jouée par une petite formation de musiciens juifs roumains. À ce bal des Bessarabiens de Paris, assise à une table, un peu en arrière de la piste de danse, cette jeune fille brune au sourire éclatant, aux épaules droites, c'est Charlotte. À ses côtés se tient Naftoul, dans un smoking qui n'a visiblement pas été coupé pour lui. Marguerite, la femme d'Avroum, est assise près de lui, sanglée dans une robe longue. C'est grâce à elle que Charlotte est là. Car, pour lui faire plaisir, Marguerite avait accepté de jouer le rôle de chaperon. Un ami complète le trio. Avroum n'avait pas voulu se joindre à cette joyeuse bande, qualifiant le jazz de « musique de nègres » et ignorant totalement la contribution aux airs à la mode des compositeurs juifs de Chicago ou New York. Sur les tables reposent plus de coupes de champagne que de verres à vodka. Paris l'emportait sur Kichinev. La modernité triomphait dans les cocktails que confectionnait un barman venu de l'*East End*, mais né à Odessa. C'est là que Charlotte vit

_____

1. Musique du folklore juif.

Simon, accompagné d'un ami qu'il avait connu au lycée impérial de Kichinev.

Sur les photos de ce temps-là, mon père est un jeune homme aux traits fins, au regard attentif, dont le visage n'évoque en rien les stéréotypes antisémites, nez crochu ou bouche lippue. Il était grand, mince et avait plutôt l'apparence d'un jeune bourgeois de province français que d'un étudiant du Yiddishland. Dans son smoking ajusté, avec son regard doux, Simon était charmant. Pour Charlotte, ce fut le coup de foudre. Elle disait dans ses rares moments de confidence : « J'ai su tout de suite que c'était l'homme de ma vie... » Et elle ajoutait, quarante ans plus tard : « Il était si beau, ton père, ce soir-là. » Elle n'allait pas plus loin dans les confidences. Elle se taisait, le regard perdu. Des larmes parfois lui montaient aux yeux. Mon frère et moi détournions la tête et nous taisions. Quelle erreur, et comme je regrette aujourd'hui cette réserve qu'elle m'avait inculquée. « Un homme ne pleure pas », disait-elle. Mais si, un homme pleure dans son cœur quand il voit sa mère souffrir et qu'il ne peut rien pour elle.

J'ignore ce que furent ce soir-là, au bal des Bessarabiens de Paris, les impressions de Simon. Il a disparu trop tôt pour nous faire, à mon frère et moi, des confidences sur ses sentiments. De surcroît, lui aussi, par tempérament et par éducation, était un être secret. Mais je suis convaincu que, à partir du moment où Charlotte avait connu Simon à ce bal et appris que ce beau jeune homme était issu d'un village proche du sien, cette rencontre lui parut un signe du destin. Telle qu'était Charlotte, l'avenir de Simon était scellé : il serait son mari devant Dieu et les hommes, le père de ses enfants à naître. Tout était dit pour elle. Et donc pour lui... Peu importaient les récriminations d'Avroum : « Un garçon sans fortune, un intellectuel russe sans métier, de quoi vivrez-vous ? » Sa décision était prise, ce serait lui et nul autre. Naftoul approuvait, Marguerite aussi. L'essentiel pour Charlotte demeurait la réaction d'Idiss. Quand elle lui confia ses sentiments et sa décision, ce fut pour Charlotte un grand bonheur que de l'entendre lui répondre qu'elle savait qu'elle aimait Simon depuis le premier jour, qu'il était un garçon bien et qu'ils seraient heureux ensemble, aussi longtemps, ajoutait-elle par prudence, que Dieu le voudrait. J'ai entendu Charlotte rappeler cette réserve-là d'Idiss, faite pour éloigner le malheur. Hélas, elle ne l'a pas conjuré.

S imon, mon père, était né en 1895 dans le Yiddishland, en Bessarabie, comme Charlotte. Mais son
destin, même dans un cadre identique, à quelques
dizaines de verstes de distance, avait pris dès l'enfance un cours différent. Comme c'était un garçon,
ses parents avaient veillé à ce qu'il reçoive une bonne
éducation. Le terme recouvrait la connaissance de la
Loi, donc de l'hébreu enseigné par le rabbin. Et aussi
celle du russe, appris à l'école du village par l'instituteur local. Samuel était un très bon élève, appliqué et
ouvert à tous les savoirs. J'imagine le rabbin et l'instituteur se concertant à son sujet pour qu'il poursuive
ses études au-delà de l'école primaire. Samuel gagna
le lycée impérial de Kichinev dans le quota de cinq
pour cent des effectifs ouvert à des élèves juifs. Il
aimait les études, le chemin vers la liberté en Russie.
Malgré tous les handicaps dressés par l'antisémitisme
des fonctionnaires tsaristes, il acheva ses études secondaires et fut admis à l'université de Moscou dans le
numerus clausus assigné aux juifs.

À Moscou, Samuel mena l'existence des étudiants pauvres, vivant des maigres ressources qu'il tirait de leçons données aux enfants des familles bourgeoises. Dans cette société de castes, Samuel rêvait d'égalité ; dans cette monarchie, de République ; dans l'antisémitisme régnant, d'une société fraternelle ; dans l'orthodoxie pesante, d'une laïcité libératrice. Comme beaucoup d'étudiants russes, il aimait la littérature française. Victor Hugo figurait aux côtés de Romain Rolland dans son panthéon littéraire. Il eut vingt ans en 1915 et partit à l'armée, c'est-à-dire à la guerre. Comme juif, il ne pouvait prétendre à devenir officier. C'est donc comme aspirant qu'il servit dans l'armée russe. Pacifiste, il n'aimait pas évoquer cette période, sauf pour raconter les souffrances des soldats russes démunis de tout. Il était, malgré son grade, un des leurs. Et plus durait la guerre, plus il se sentait proche d'eux. Lors de l'offensive russe de l'été 1916, dans l'armée de Broussilov, il fut blessé à la jambe. Il échappa de peu à l'amputation et fut envoyé dans un hôpital militaire à Saint-Pétersbourg. Il vécut là l'écroulement du régime tsariste, puis la révolution d'octobre 1917. Il participa à la guerre civile en Ukraine. Samuel était un pacifiste et un socialiste, plus proche des mencheviks que des bolcheviks. Il était las de tant de sang versé et de la fureur antisémite qui persistait en Ukraine. La guerre civile achevée, Samuel trouva place à Odessa sur un navire turc qui appareillait pour la France. Il débarqua à Marseille, port d'accueil de tant de réfugiés et d'exilés au long des siècles. Il avait décidé de s'établir dans cette République française qu'il admirait tant lorsqu'il vivait dans la Russie impériale. Pour Samuel, comme pour tant d'émigrés du Yiddishland, la France était dorénavant sa patrie d'adoption.

Désireux d'améliorer sa connaissance du français, il s'inscrivit à l'université de Nancy et entreprit des études supérieures de commerce. Il demeurait cependant incertain sur son avenir. Samuel écrivit quelques articles dans la presse russe publiée à Paris. Mais après avoir rencontré Charlotte, ses hésitations cessèrent : c'est à Paris qu'elle entendait vivre avec lui et fonder une famille, un foyer.

Schulim n'avait laissé aucun patrimoine. Ni maison, ni boutique, ni actions. Il détenait seulement un livret de Caisse d'épargne, comme les artisans parmi lesquels il vivait. La maladie puis les obsèques avaient dévoré le peu d'économies qu'Idiss avait réussi à sauver de la prodigalité, toute relative faute de moyens, de son époux. La vérité s'imposa à la famille. Idiss n'avait rien que de petites dettes laissées par Schulim, qu'elle mit un point d'honneur à régler en vendant la chaîne d'or ciselé, le seul bijou qu'elle possédât.

Il fallait aviser et décider du sort d'Idiss et de Charlotte. Pour celle-ci, son avenir se confondait avec celui de Simon, qui était venu à Fontenay un dimanche à déjeuner, amené par Charlotte. Elle avait annoncé à Idiss sa décision, irrévocable, avait-elle souligné, d'épouser Simon. Il était en bonne santé, juif et visiblement très épris de sa fille. Idiss s'en remettait à l'Éternel pour qu'Il veille sur eux.

Ils se marièrent le 7 juin 1923 à la mairie de Fontenay-sous-Bois. La cérémonie religieuse eut lieu à Paris, à la synagogue de la rue Notre-Dame-de-Nazareth. Tout était en place : la robe blanche au corsage brodé et le voile de mariée sortis de l'atelier de Marguerite, le smoking de location du marié. La famille était là au grand complet. Rien de plus petit-bourgeois que ce mariage dans le Paris des Années folles.

À regarder ces photos jaunies par le temps, comment ne pas ressentir une nostalgie mêlée d'attendrissement ? C'est un moment de bonheur qu'a fixé sur son appareil à capuche et gros objectif le photographe du quartier. Au centre de la photo, avec les petites cousines costumées en demoiselles d'honneur, un sourire d'amour et de triomphe irradie le visage de Charlotte au bras de Simon, son époux pour une vie que tout annonçait heureuse.

Pour Idiss, vêtue d'une robe longue confectionnée par Marguerite, écharpe de renard argenté posée sur les épaules, discrètement chapeautée, c'était un jour de bonheur. Sans doute, plaie au cœur, Schulim, qui aimait tant Chifra, n'était plus là. Mais Idiss était sûre qu'il regardait du haut des cieux sa fille, « la petite », comme il l'appelait en yiddish, aux côtés de son mari et de toute la famille rassemblée au pied du tabernacle. Ainsi, Idiss, à la synagogue, remerciait le Seigneur et versait des larmes. Charlotte exultait. Simon, dans son smoking, souriait avec douceur. Le rabbin, au fort accent yiddish, dit les prières rituelles devant les jeunes époux réunis sous le châle de prière du mari. Ils échangèrent les alliances. Après la bénédiction, Simon prit la coupe de cristal que lui tendit le rabbin. Il la lança avec force sur le pavé de marbre où elle explosa en éclats. « *Mazeltov !* » s'écria toute l'assistance. Après les accolades et les félicitations d'usage, le cortège se forma. Charlotte descendit le tapis rouge au bras de Simon, l'orgue rugissant la marche nuptiale de Mendelssohn. Ils rayonnaient de jeunesse et d'amour. La vie leur était joie et promesse. « *Mazeltov !* »

*
* *

Pour Idiss, le mariage de Charlotte et Simon fut un grand bonheur. Sa fille unique épousait le jeune homme juif qu'elle aimait. Idiss avait vécu sa jeunesse dans un village du Yiddishland de la Russie impériale. Là, les mariages étaient arrangés par les parents et l'idée même d'un mariage avec un chrétien était une hérésie.

Simon était pourtant peu pratiquant. Il n'allait à la synagogue que pour les grandes fêtes. Plus intellectuel que religieux, il rêvait de justice sur cette terre. Quant à Dieu, il en respectait l'idée, mais se préoccupait d'abord du Mal, auquel il donnait ici-bas les traits du racisme, de l'antisémitisme et de toutes les formes d'oppression et de violence sociale. Mais pour Idiss, l'essentiel était que Simon aimât son épouse. Or, à l'évidence, il adorait Charlotte. De surcroît, c'était un homme courtois qui traitait Idiss avec égard et parlait yiddish. Alors, pourquoi dissimuler son bonheur d'avoir un tel gendre ? Idiss rayonnait en regardant Samuel et Chifra sous le dais de la synagogue. L'Éternel avait comblé ses vœux.

Après la mort de Schulim, Idiss ne pouvait demeurer seule à Fontenay-sous-Bois. Vivre avec Avroum et Marguerite dans leur appartement dans le Sentier était une éventualité qu'elle envisageait sans plaisir. Elle ne s'était jamais bien entendue avec son fils aîné, dont le caractère revêche s'exerçait en toute occasion. Elle préférait Naftoul, le plus doux des hommes. Mais il s'était mis en ménage avec une femme très dominatrice. Idiss l'avait en horreur parce qu'elle ne supportait pas la façon brutale dont cette femme parlait à son fils. Tout en elle l'éloignait d'Idiss, qui la considérait comme la cause de l'échec de Naftoul. Elle avait d'ailleurs écarté toute velléité d'accueillir Idiss. « Ne compte pas sur moi pour être la domestique de ta mère », lui avait-elle lancé dès le lendemain de l'enterrement. Naftoul, qui avait évoqué cette hypothèse, n'insista pas.

Ce fut Simon qui trouva la solution. Puisque Idiss se trouvait bien à Fontenay-sous-Bois, dans le pavillon face à la gare, il fallait y rester. Charlotte et lui s'installeraient dans la chambre des parents, refaite au goût du jour. Idiss prendrait celle de Charlotte, en y mettant les meubles choisis avec Schulim. Quant aux enfants à naître, on aménagerait l'étage qui servait de réserve. Il restait une difficulté, fit remarquer Avroum, c'était l'argent pour réaliser ce beau projet. « Pas de problème, lança fièrement Simon, j'ai décidé de m'établir à mon compte dans la pelleterie. Les femmes veulent être élégantes et la fourrure est à la mode. »

Simon avait consulté quelques amis. Il ne pouvait pas espérer faire en France la carrière intellectuelle et politique dont il avait rêvé. Puisqu'il avait fait des études d'« ingénieur commercial », il pouvait donc se livrer au commerce, non pas en boutique comme tant de Yids à Paris, mais en négociant intervenant sur le marché international. Cette vision flatteuse répondait à la part de rêve que nourrissait Simon en toutes choses. Elle convenait aussi à ses capacités.

Des deux activités auxquelles les immigrés juifs venus de l'Est se consacraient le plus fréquemment, les vêtements et la fourrure, Simon avait choisi sans hésiter la seconde. L'URSS était un grand fournisseur du marché international et Simon se trouverait à l'aise dans ses rapports avec les Russes. Et du côté d'Idiss, la famille comptait déjà des fourreurs. Une nièce d'Idiss, Blanche, avait épousé un jeune homme, Georges Simon, venu très jeune de Biélorussie à Paris. Son acharnement au travail était salué par tous et il témoignait d'une intuition remarquable du marché de la fourrure. Établi comme fourreur puis devenu pelletier en gros, il négociait à Francfort, plaque tournante du marché en Europe, et à Londres, centre de la vente des fourrures en provenance du Canada. Georges avait fait fortune. Son exemple incita Simon à choisir sa voie.

Il débuta modestement comme fournisseur de peaux brutes de fourrure aux commerçants en boutique. Ceux-ci les transformaient en manteaux d'astrakan, écharpes de renard argenté, garnitures de col en vison, qu'aimaient les élégantes. Quand, enfant, il m'arrivait d'aller avec ma mère chercher mon père dans l'atelier qui servait d'entrepôt dans le faubourg Poissonnière, je respirais l'odeur âcre de ces fourrures sauvages. Et aujourd'hui encore, c'est avec plaisir que je caresse les poils d'un manteau de lynx ou de renard.

On les appela les Années folles. Ce fut comme une permission joyeuse entre deux combats. Pour Charlotte et Simon, la chance voulut que leur jeunesse coïncidât avec ces années-là. Mon père était travailleur. Ma mère ambitieuse. Leur ascension sociale fut rapide. De revendeur de fourrures, mon père, qui analysait l'évolution des marchés internationaux, devint négociant en gros. On le voyait à Londres et à Leipzig aux grandes ventes de fourrure. Son atelier devint un établissement sur deux étages dans le faubourg Poissonnière, cœur du négoce de la fourrure à Paris. Il prit à bail un local dans un immeuble qui se libérait. Charlotte y créa un atelier où deux manufacturières confectionnaient des manteaux et des vestes de fourrure inspirées par les modèles des grands couturiers. L'affaire se développa très vite, portée par la prospérité générale et la mode des fourrures.

Je ne suis pas sûr que mon père, au fond de lui-même, ne nourrissait pas la nostalgie d'un autre destin où la politique qu'il suivait avec passion aurait tenu sa place. Mais ses origines étrangères et son accent russe lui fermaient la voie d'une telle carrière en France. Il n'en demeurait pas moins grand lecteur de journaux et membre d'associations de gauche. Il y retrouvait des compagnons de jadis pour des conférences culturelles qui tournaient rapidement au débat politique. À l'instar de la plupart de ses amis, Simon était un disciple de Léon Blum dont il lisait les éditoriaux dans *Le Populaire*.

Comme tout père, il projetait sur ses enfants ses rêves d'une réussite éclatante. Mon frère Claude était doué pour les études, surtout de lettres classiques. Mon père le voyait déjà élève de l'École normale supérieure puis professeur à la Sorbonne et enfin au Collège de France. Il évoquait souvent le prestige et l'excellence de l'École normale supérieure. C'était pour lui le Temple d'une Jérusalem laïque. Jérusalem parce qu'il était juif, et laïque parce qu'il avait une foi absolue dans les principes de la République. Pour moi, la voie était tracée : je le rejoindrais dans l'affaire familiale et, le moment venu, je lui succéderais. Mais comme il voulait que j'aie moi aussi des diplômes universitaires, je devais d'abord « faire mon droit », discipline dont je ne mesurais pas l'utilité pour un futur fourreur...

Du faubourg Poissonnière à Fontenay-sous-Bois, le trajet était long et le train de banlieue bondé. Simon convainquit donc Charlotte de revenir à Paris. Et Idiss ? Fontenay était devenu son village dont elle connaissait les commerçants. D'une nature sociable, elle avait noué des liens cordiaux avec le voisinage que son jargon divertissait plus qu'il ne le rebutait. Toujours prête à rendre service, à garder des enfants parce qu'elle aimait leur compagnie, Idiss était devenue au long des années la « dame russe » du quartier (on ne disait pas juive par convenance). Idiss se sentait chez elle à Fontenay et répugnait à revenir dans la capitale et ses rues bruyantes, loin du bois de Vincennes. Mais puisque tel était le choix de Simon et de Charlotte, elle ne pouvait que retourner avec eux à Paris. Elle redoutait ce déménagement comme une rupture avec cette vie quasi provinciale qu'elle avait appris à goûter.

Le retour à Paris témoigna du changement intervenu dans la condition sociale de la famille. Plus question de s'établir comme naguère dans le Marais ou du côté des Gobelins. Fini les quartiers populaires, cosmopolites et bruyants. La marche vers les beaux quartiers symbolisait la réussite de cette couche nouvelle de juifs parisiens, souvent naturalisés de fraîche date, rêvant d'assimilation et de réussite sociale.

Parfois, c'était à pas de géant que se réalisait cette mutation. Il en allait ainsi pour les barons juifs des affaires ou les maîtres de la médecine, du barreau, des sciences ou des arts. La réussite des uns, les mérites intellectuels des autres les faisaient accéder aux honneurs républicains. La renommée de ces savants et philosophes rejaillissait sur toute la communauté, même quand ils avaient déserté depuis longtemps les synagogues. Ainsi, en ce XXe siècle, subsistait l'admiration traditionnelle pour ceux qui ouvrent les voies de la connaissance. Einstein, Freud ou Bergson étaient les héros intellectuels de ce judaïsme occidental dont tous les juifs tiraient fierté.

G râce au déménagement, la vie de Simon était plus facile. Celle d'Idiss avait pris un autre cours. Elle habitait avec le jeune couple. Ses rapports avec Simon étaient aisés. Il parlait yiddish avec elle, en dépit de son principe : « Nous vivons en France, nous devons parler français, même à la maison. » Pour Idiss, c'était un obstacle insurmontable. Simon avait donc renoncé et plaisantait avec elle sur son mélange linguistique de yiddish mêlé de franco-russe.

Le retour à Paris avait rendu à Idiss un accès plus aisé au quartier du Marais, où s'étaient établis Avroum et Marguerite avec leurs enfants, Sonia et son petit frère Serge, du même âge que moi. Le yiddish y régnait encore et Idiss s'y sentait parfaitement à l'aise. Elle trouvait dans les boutiques les composantes usuelles de la cuisine casher qu'elle appréciait. Non pour des raisons de piété, mais parce qu'elle aimait les plats de sa jeunesse en Bessarabie. Le bouillon de poule où nageaient de fins vermicelles et des petits pâtés de viande, la carpe farcie ou le traditionnel pot-au-feu relevaient de l'art culinaire du Yiddishland. Mais le goût importait moins que les souvenirs que faisait renaître la saveur de ces plats.

Mon père saluait ce retour aux sources avec un enthousiasme où sa gentillesse tenait une large place. Il préférait la cuisine française et les hors-d'œuvre russes. Parfois, Idiss y ajoutait des mille-feuilles aux noix et raisins, dont le nom yiddish recouvrait une recette sépharade de Salonique ou Tanger. Mon frère et moi dévorions ces gâteaux arrosés de miel avec la même ardeur que l'éclair au chocolat ou le baba de tradition française. Idiss les appréciait autant que les lourdes pâtisseries de la *Mitteleuropa* que l'on voyait à la devanture des boulangers du Marais.

Idiss avait conservé les recettes de la cuisine ashkénaze. Les dîners du vendredi soir qui rassemblaient la famille étaient pour elle autant une joie qu'une épreuve. Une joie parce que ses enfants et petits-enfants étaient réunis autour d'elle, et une épreuve car son tempérament inquiet trouvait matière à s'exercer, même à la table familiale. Aussi, connaissant la nature anxieuse d'Idiss, chacun s'extasiait sur le bouillon de poule ou le gâteau au fromage.

Chapitre VI

Les années 1930

Comme il paraissait loin le temps de l'arrivée à la gare de l'Est et du négoce des vêtements usagés ! Le courant des voyageurs de passage, des Yids qui se rendaient en Amérique en traversant l'Europe, n'était pas tari. Ils s'arrêtaient dans les métropoles qui comptaient un quartier juif, où ils se retrouvaient chez eux avec les mêmes odeurs de cuisine juive, les clameurs en yiddish dans la cour et les mêmes imprécations contre l'incurie des fils et la coquetterie des filles. Que de talents de comédien étaient ainsi prodigués devant les grands-pères buvant leur verre de thé, attentifs seulement au journal yiddish qui leur donnait des nouvelles d'un pays qui n'était plus le leur.

En ces années-là, le judaïsme cherchait sa voie moderne. Nombre de jeunes juifs européens balançaient entre le sionisme – avec son rêve de créer un État juif indépendant – et le communisme, porteur d'une espérance révolutionnaire dont le pôle était à Moscou.

Simon se passionnait pour la vie politique. Il se déclarait pacifiste et internationaliste. Il avait foi dans la Société des Nations et voyait en Aristide Briand[1] le champion de la paix reposant sur le droit. Avroum ricanait devant pareil idéalisme. Mais peu importait à Simon.

Quelques années plus tard, lors des élections du Front populaire, mon père m'emmena, petit garçon juché sur ses épaules, écouter son idole dans une grande réunion politique au jardin du Trocadéro. Nous ne restâmes pas longtemps, mon poids sur ses épaules fatiguant mon père qui n'avait rien d'un athlète. Mais je me souviens de la faible voix de Léon Blum déversée par les haut-parleurs sur la foule des militants et des spectateurs. Je mesurai ce jour-là pour la première fois le pouvoir de l'éloquence à la tempête d'applaudissements qui s'élevait du public aux bons passages du discours. Mon père exultait. Lassé

---

1. Avocat et homme politique français, Aristide Briand (1862-1932) reçut le prix Nobel de la paix en 1926 aux côtés du ministre des Affaires étrangères allemand, Gustav Stresemann, pour leur action en faveur d'un rapprochement franco-allemand (accords de Locarno, 1925). Le 27 août 1928, Aristide Briand négocia avec le secrétaire d'État américain Frank Billings Kellogg le « pacte Briand-Kellogg » condamnant le recours à la guerre pour le règlement des différends internationaux. Approuvé par cinquante-sept États, dont l'Allemagne, le Japon et l'Union soviétique, ce pacte qui mettait la guerre « hors la loi » n'eut cependant qu'une valeur morale.

de ce spectacle auquel je ne participais pas, je tirais sur sa manche pour quitter cet horizon de jambes et de dos. Nous repartîmes en fendant la foule. Mon père, m'ayant repris la main, m'expliqua ce qu'était une élection et le principe majoritaire dans une démocratie. Ce fut ma première leçon de politique. Même si je ne comprenais pas tout, je l'écoutai intensément parce que c'était mon père et que j'aimais qu'il me traitât en grand garçon.

J'étais le dernier-né des petits-enfants d'Idiss, le cadet d'une génération née sur le sol de France. La loi de 1927 sur la nationalité était l'expression d'une préoccupation politique majeure : combler aussi vite que possible les pertes humaines que la guerre de 1914-1918 avait causées dans la génération de mon père. Pour atteindre cet objectif face à une Allemagne revancharde, il fallait favoriser l'immigration en France de jeunes étrangers venus notamment d'Europe centrale ou orientale. La prospérité des années 1920 appelait aussi un renfort de main-d'œuvre étrangère. La France victorieuse, mais épuisée par la terrible saignée des combats, devait faire face à un besoin considérable de travailleurs pour la reconstruction des régions du Nord et de l'Est, et son développement industriel. À la faveur de la loi de 1927 et aussi des états de service de mon père dans l'armée russe alliée de la France, mes parents obtinrent leur naturalisation. Ainsi suis-je né en 1928, français de parents français… depuis quelques semaines !

Des amis de mon père venaient le samedi après-midi à la maison s'adonner au bridge. Entre deux parties, en buvant le thé préparé dans le samovar emporté de Russie, ils débattaient de la condition des juifs en Europe et de l'irrésistible ascension du nazisme en Allemagne. Hitler proférait contre les juifs les menaces les plus violentes, évoquant dans ses fureurs oratoires leur élimination du Reich. Je revois encore mon père et ses amis penchés vers le gros poste de radio dans le salon. Tous comprenaient l'allemand, proche du yiddish. Les visages se figeaient à mesure que la voix du Führer se faisait plus rauque, le ton plus menaçant, la haine plus saisissante. Aux actualités cinématographiques, dans le cinéma de quartier où nous allions le jeudi après-midi avec Idiss, nous voyions parfois un extrait d'un discours du Führer dans un stade regorgeant de militants portant la croix gammée cousue sur la manche. Des milliers de participants acclamaient leur chef et le saluaient du bras droit levé, à la fasciste. Mais dans les foyers juifs régnait, en écoutant ces hurlements, un silence à la mesure de l'angoisse qui serrait les cœurs. Ma mère, assise avec nous, écoutait, droite sur le canapé. Par instants, sa main se posait sur nos épaules. Notre grand-mère Idiss, se souvenant des pogroms de jadis dans les villages du Yiddishland, tendait l'oreille à ces vociférations en allemand contre les juifs. À mon frère et moi ces imprécations paraissaient plus ridicules que redoutables. Projetées sur l'écran, elles suscitaient des ricanements dans le public adolescent des séances du jeudi. Mais Idiss prenait ma main dans l'ombre, comme pour conjurer les menaces qui pouvaient peser sur nous.

L a question de la nationalité d'Idiss se posait
en termes complexes. Elle était arrivée à Paris
en 1912 comme sujette de l'Empire russe dont elle
détenait le passeport. La révolution de février 1917
avait renversé le tsarisme, proclamé la République et
procédé à l'élection d'une Assemblée constituante.
Mais la poursuite de la guerre aux côtés des Alliés ne
satisfaisait pas la paysannerie russe, dont les hommes
combattaient au front et les femmes assumaient le
fardeau des travaux agricoles. Que le peuple russe se
tournât du côté des bolcheviks conduits par Lénine
et Trotski, qui prônaient la paix tout de suite, était
prévisible. On connaît la suite de l'Histoire[1].

---

1. La Grande Guerre se conclut, sur le front de l'Est, par le
traité de Brest-Litovsk (3 mars 1918) qui fixa de nouvelles frontières aux États d'Europe centrale et orientale. Quelques semaines
plus tard, le traité de Bucarest (7 mai 1918) reconnut le rattache-
ment de la République moldave au royaume de Roumanie.
   Après la victoire des Alliés, le sort de l'Allemagne fut réglé
par le traité de Versailles (28 juin 1919). Pour sa part, l'Autriche-

Devenir roumaine à son âge était exclu. Mieux valait demeurer en France comme réfugiée apatride que retourner en Bessarabie roumaine où régnait un antisémitisme nourri par le populisme et les partis religieux d'extrême droite.

La France était désormais le foyer d'Idiss, sinon sa patrie. Dès lors que ses enfants et petits-enfants y étaient établis, son avenir était là. Ainsi avait-elle adopté la France plus encore que l'inverse. Car en ces années-là, bien des Français ne témoignaient guère de sympathie pour les immigrés d'Europe orientale. Les organisations d'extrême droite dénonçaient le fléau de l'immigration juive, source de chômage pour les travailleurs et de concurrence pour les artisans et les commerçants. Au sein des professions libérales régnait une traditionnelle antipathie à l'égard des confrères qui avaient poursuivi en France leurs études supérieures et obtenu leur naturalisation. Je me souviens des inscriptions à la craie sur les murs des immeubles : « Mort à Blum, mort aux juifs ».

Idiss avait connu l'antisémitisme traditionnel du tsarisme et les violences qui dégénéraient parfois en

---

Hongrie, alliée de l'Allemagne, fut démantelée par le traité de Saint-Germain-en-Laye (10 septembre 1919), conclu avec l'Autriche, et le traité de Trianon (4 juin 1920), conclu avec la Hongrie. La Bessarabie demeura une partie du royaume de Roumanie.

pogroms. Des années plus tard, elle conservait le souvenir apeuré de tous ces maux qui frappaient les juifs dans l'Empire russe. La réussite de sa famille en France lui donnait un sentiment de fierté. Mais au fond d'elle-même subsistait le sentiment que ces bienfaits étaient fragiles et que l'antisémitisme n'avait pas disparu.

D ans ces années de l'entre-deux-guerres, la paix
existait sur le parchemin des traités, non dans
les esprits. Les États vaincus aspiraient à la revanche.
Dans les nations victorieuses, l'espoir d'une révolution
qui renverserait l'ordre établi persistait dans les esprits
exaltés. À l'extrême gauche, on rêvait du modèle com-
muniste à l'œuvre en URSS. À l'extrême droite, le
modèle fasciste enflammait les passions nationalistes.
Les régimes parlementaires paraissaient usés et cor-
rompus. Tout annonçait un avenir chargé de violences
et d'affrontements.

À cet égard, le sionisme posait un problème majeur
aux juifs de la diaspora. L'hypothèse de gagner la
Palestine pour y établir un État juif était posée à ceux
qui demeuraient incertains sur leur avenir. Faire son
alyah[1], s'établir dans un État indépendant et souverain
sur la terre de Palestine, c'était réaliser la promesse

----

1. Mot hébreu désignant le retour des juifs en Israël.

biblique. Cette utopie portait en elle le mythe du peuple élu qui aurait traversé les siècles pour accomplir la promesse de Dieu à Israël. Elle lui assignait une ardente obligation : rétablir en Palestine un État indépendant qui offrirait aux juifs qui le voudraient un refuge et un foyer.

Si la question sioniste agitait nombre de consciences juives, pour notre famille, elle ne se posait pas en termes de choix. Mon père versait sa contribution aux associations qui soutenaient le mouvement sioniste. Mais il n'envisageait pas de gagner la Palestine et de s'y établir. En demandant sa naturalisation en 1927, il avait choisi la France, et plus précisément la République française.

Pour Idiss, il n'y eut pas de demande de naturalisation. Ses chances de l'obtenir étaient quasi nulles. Quel profit la République française tirerait-elle de compter une femme âgée et illettrée parmi ses ressortissants ? Un avocat spécialisé ne vit dans pareille demande que démarches inutiles. Idiss s'en souciait-elle vraiment ? Elle se sentait toujours une juive du Yiddishland. Peut-être était-ce à ses isbas qu'elle pensait quand elle se promenait avec des cousins sur les boulevards parisiens avant de s'asseoir à la terrasse d'un café ? Mais je ne crois pas qu'Idiss regrettait ce changement de décor. Pour elle, son foyer était celui de ses enfants, et sa patrie, la ville où elle vivait avec eux.

Des décennies plus tard, j'eus l'occasion de me rendre en Bessarabie avec mon frère Claude. Je travaillais alors avec des juristes russes à l'élaboration d'une nouvelle constitution pour l'URSS. À l'achèvement des travaux, je fus invité par les autorités gouvernementales à visiter une région de notre choix. Nous décidâmes de nous rendre en Bessarabie, qui faisait encore partie de l'Union soviétique. Et, par une belle matinée de l'automne 1989, nous atterrîmes à l'aéroport de Kichinev.

Mon frère et moi avions choisi de nous rendre au village natal de notre père, à soixante kilomètres de la capitale. La voiture qui nous y conduisit traversait des coteaux plantés de vignobles. On se serait cru en Bourgogne. Le maire, un géant au visage débonnaire, nous attendait. Il nous raconta comment le village avait été incendié par les troupes allemandes en retraite à la fin de l'été 1944. Une unité de SS avait détruit la synagogue et le quartier juif. Rien ne subsistait d'une communauté séculaire, sauf quelques tombes au petit cimetière juif.

À notre demande, un adjoint accepta de nous y conduire. L'après-midi finissait. Par un chemin ensablé, nous gagnâmes le vieux cimetière, visiblement abandonné. Des pierres tombales étaient cassées, certains caveaux restaient vides, à ciel ouvert. Des panneaux en bois portant une inscription en hébreu étaient plantés dans le sol à côté des tombes. Mon frère décida d'aller au bourg pour tenter d'y trouver quelques survivants de l'avant-guerre. Il partit avec l'adjoint au maire. Je restai seul dans le cimetière. Je fis quelques pas. Tout n'était qu'abandon, désolation. Un monde mort, pensai-je. Je vis revenir mon frère avec deux vieillards. Il les avait rencontrés dans les locaux qui servaient de lieux de prière pour les quelques juifs demeurant encore là, par attachement au passé.

Ils s'exprimaient en yiddish. Grâce à mon frère, un dialogue put s'établir. Ils ne savaient pas où était la tombe de la famille : « Par là peut-être, » dit le plus âgé en nous montrant d'un geste vague le côté ouest du cimetière. L'autre protesta. À son avis, c'était dans la plus vieille partie, là même où nous étions. Je regardais autour de nous ces débris. Je me tus, convaincu que cette recherche ne nous mènerait à rien si ce n'est à contempler les ruines d'une culture disparue. Je fixai l'horizon. La nuit tombait, le ciel s'allumait d'étoiles et j'entendis au loin le cri d'un coq. « Il ne manque plus qu'un âne et un rabbin pour un tableau de Chagall, » pensai-je.

Il était temps de partir, de rentrer à Kichinev pour retrouver à dîner des membres de la *nomenklatura*. Nous regagnâmes la limousine noire. Je me retournai une dernière fois. Je pensai à la misère adoucie par l'amour des leurs qu'avaient connue là mes lointains aïeuls, dont je ne savais rien sinon qu'ils étaient juifs et pauvres. Mon frère était déjà dans la voiture. Je pris congé de notre accompagnateur qui avait fermé sa veste de cuir, car le froid gagnait. Une robuste accolade suivit, en témoignage de l'amitié franco-soviétique. Puis nous partîmes dans la nuit. Nous avions vu d'où nous venions ou, plus précisément, d'où nos parents étaient venus. Mais ce n'était pas là notre patrie, même si elle avait été celle d'Idiss.

Dans les années 1930, nous habitions un petit appartement dans le 16ᵉ arrondissement de Paris. Ma mère en éprouvait une satisfaction profonde, qu'elle se gardait d'afficher. À la Charlotte de jadis, à la jeune fille joyeuse, avait succédé une femme dans la force de l'âge, éclatante d'énergie aux côtés de mon père. Elle avait l'air d'une Française de la classe moyenne, dont elle partageait le mode de vie et les conventions. Mais derrière cette apparence, s'exerçaient un caractère puissant et une ambition vivace pour ses fils auxquels elle vouait une passion maternelle exercée sans faiblesse. Elle surveillait nos résultats scolaires avec une attention vigilante. Nous recevions des leçons particulières. S'y ajoutaient des cours de piano, complément indispensable d'une éducation bourgeoise. À dire vrai, nous aurions préféré, mon frère et moi, des activités plus sportives.

Pour sa part, ce qu'Idiss ressentait profondément à Paris, ce n'était pas d'être étrangère mais d'être illettrée. Le monde de l'écrit lui était fermé. Cette infirmité sociale, s'agissant des filles dans le *shtetel*, était si commune que bien peu y prêtaient attention. Mais ce qui était supportable à Edinetz, dans la misère générale, devenait cruel à Paris. Souvent je la voyais au retour du lycée s'asseoir au bout de la longue table de la salle à manger. Elle apportait un tricot de grosse maille rouge et reprenait l'ouvrage où elle l'avait laissé. Elle était plus attentive à la leçon qu'une institutrice à la retraite nous donnait qu'à l'écharpe de laine où plongeaient ses longues aiguilles. Elle aurait tellement aimé partager avec mon frère et moi ces moments d'étude, participer à nos progrès dans le monde pour elle magique de la connaissance. Mais cet univers-là lui demeurait fermé.

Pour Idiss, ces années-là furent paisibles. Elle demeurait inconsolable de la mort de Schulim. Mais, après la période difficile du deuil, elle avait trouvé au sein de la famille, grâce à ses petits-enfants, une raison de vivre et des occupations dont elle dénonçait le poids et qui lui étaient cependant une joie secrète.

Le lycée étant à bonne distance de notre domicile, elle n'était plus apte à nous y conduire. Lorsque j'étais encore un petit garçon, c'était elle qui m'emmenait en promenade dans les larges avenues qui rayonnent autour de la place de l'Étoile. Elle préférait l'avenue Foch, qu'on dénommait plus volontiers « avenue du Bois », de son nom d'avant-guerre. Elle s'asseyait sur une chaise métallique dont elle réglait la location à une dame en longue jupe noire et capeline de laine. Elles échangeaient quelques considérations météorologiques, en franco-yiddish du côté d'Idiss. Puis la chaisière prenait congé, en me souriant d'une denture ébréchée. Des copains en culotte courte déboulaient pour me convier à une partie de billes multicolores sur le gravier. Idiss me laissait aller, en se répandant en recommandations volubiles. Je veillais à ce que nous établissions nos jeux à courte distance, car je la savais inquiète dès qu'elle nous perdait de vue. Charlotte s'informait à notre retour de mon comportement. Quelles que fussent mes incartades, Idiss répondait invariablement que tout s'était bien passé, que j'étais le plus gentil des garçons. En vérité, je n'étais pas moins turbulent que les autres. Mais j'étais reconnaissant à Idiss de ses louanges, fussent-elles plus flatteuses que la réalité.

Le jeudi après-midi, rituellement, nous allions à l'heure du goûter dans un salon de thé réputé pour son chocolat chaud et épais, couvert d'un nuage de crème chantilly, à l'enseigne de la « Marquise de Sévigné ». Le lieu survécut à la guerre et à l'Occupation, mais la modernité à l'américaine l'engloutit. Bien des années plus tard, je compris qu'une tasse de chocolat brûlant, onctueux, où je trempais une brioche dorée, était pour moi plus porteuse de souvenirs que du parfum de la récente cuisson. Le sourire d'Idiss me disant en yiddish « Mange, mon chéri, c'est si bon » me revient alors en mémoire.

Et je regrette de ne pas lui avoir dit plus souvent combien je l'aimais.

Le goûter achevé, ma grand-mère appelait la serveuse en robe noire et petit tablier blanc. Elle demandait l'addition en français, car elle avait appris le terme. Elle tirait d'une bourse ancienne la somme en pièces de monnaie dont Charlotte lui avait enseigné le montant. Paradoxalement, Idiss, qui ne savait pas lire les lettres, avait appris à compter. J'observais l'opération qu'elle menait à bonne fin avec le concours bienveillant de la serveuse. Un pourboire concluait le tout. La serveuse l'empochait avec un sourire laissant à penser que Charlotte avait calculé généreusement. Idiss rayonnante me prenait par la main et nous traversions elle et moi le salon de thé, semblables en apparence aux familles bourgeoises qui nous entouraient.

Nul ne paraissait, à l'époque, plus convenable qu'Idiss. Charlotte y veillait avec le concours de Marguerite, sa belle-sœur. Celle-ci gérait un atelier de confection de vêtements pour dames, rue Beaubourg, non loin de la place de l'Hôtel-de-Ville. Sa bonté et sa patience étaient infinies avec son mari Avroum. Celui-ci traitait pourtant Marguerite avec un dédain que rien ne justifiait, sinon à ses propres yeux sa qualité d'« intellectuel », acquise par des études à Kichinev – dont l'évocation amenait toujours un léger sourire sur les lèvres de mon père.

Avroum était dévot et respectait les prescriptions de la religion juive. Sur son exigence, Marguerite se convertit sans état d'âme car elle ne pratiquait pas la religion catholique. Pour satisfaire Avroum, Marguerite apprit les recettes de la cuisine juive, de la carpe farcie au gâteau aux raisins. Elle s'y révéla plus douée qu'Idiss. Très impliqué dans la vie communautaire, Avroum avait été élu président des fidèles de la synagogue orthodoxe de la rue Pavée. Je le voyais lors des fêtes, dominant de toute sa taille l'assemblée en prière, réciter avec force des versets de la Bible. Arrêté à Lyon en février 1943, il fut interné au camp de Drancy. Il y resta jusqu'à la Libération, dans des conditions de vie indignes. Une règle allemande voulait que les conjoints juifs d'épouse aryenne échappassent en principe à la déportation. Marguerite produisit un certificat de baptême d'une petite paroisse alsacienne dont elle était issue. Elle détruisit l'attestation rabbinique qui faisait état de sa conversion. Ainsi, elle put demeurer à Paris pendant toute l'Occupation sans être inquiétée. Avroum sortit du camp très amaigri, mais toujours dominateur. Après la guerre, Marguerite revint, sur les instances d'Avroum, à la religion juive. Elle s'y prêta, car elle croyait en un Dieu unique de bonté pour tous les êtres humains. Paralysée en 1947 par une congestion cérébrale, elle vécut le reste de ses jours dans sa chambre, assise dans un fauteuil près de la fenêtre. Seigneur, où est ta justice ?

Dans cette vie paisible, où tout dans la maison était régulé par Charlotte, deux sources de tourment persistaient dans le cœur d'Idiss. Elle ne s'était jamais consolée de la mort de Schulim. En ces temps-là, les femmes du *shtetel* ne connaissaient le plus souvent que l'époux que les parents avaient choisi pour elles. Le mariage était sacré, et la fidélité un commandement divin. Dans cette loterie des cœurs, Idiss avait gagné le gros lot. Elle avait aimé Schulim dès le premier regard, et lui seul, pour toujours. Pour elle, il incarnait tout le bonheur du monde. Sans lui, le grand lit n'était plus qu'une couche froide où s'écoulaient dans la solitude des nuits sans amour. J'ai vu ma mère Charlotte succéder à sa mère Idiss dans cette longue lignée des femmes qui poursuivent seules une vie blessée. La plaie est en apparence cicatrisée. Mais il est des jours, des nuits aussi, où la douleur revient, où l'absence du compagnon disparu fait si mal. Il faut continuer à vivre, cependant, en mutilé de l'amour.

Idiss menait parmi nous une existence qu'à cette époque-là, les années 1930, elle déclarait heureuse parce que le sort de ses enfants lui paraissait tel. Sur ce bonheur de mère et grand-mère planait cependant une ombre. Le cadet de ses fils, Naftoul, un cœur d'or, disait-elle, gâchait sa vie. Il avait toujours été bon et faible à la fois. Comme il était le cadet, l'attention particulière que l'on vouait à son aîné, Avroum, lui avait fait défaut. Pour Avroum, les grands-parents avaient assumé la charge de ses études dans l'école juive où les rabbins donnaient des cours payants. Pour Naftoul, Idiss avait dû se borner à lui faire suivre l'enseignement de l'école la plus proche, où l'instituteur apprenait aux enfants pauvres des éléments de russe, des rudiments de calcul et des notions d'histoire de la Russie impériale. Ainsi, mon oncle Naftoul avait grandi dans une ignorance presque totale de ce qu'était le vaste monde. S'il savait lire et écrire, c'était en yiddish plutôt qu'en russe, grâce à un voisin qui avait pris en affection ce gamin pauvre au regard doux, perdu dans une société brutale. L'amour d'Idiss ne lui faisait pas défaut, elle veillait sur lui autant qu'elle le pouvait. Mais il lui fallait sans cesse courir après quelques roubles et il ne lui restait que peu de temps à consacrer à son cadet, ce qu'elle se reprochait sans pouvoir y remédier. Pareille inégalité de traitement pesait lourd à son cœur. Idiss ne pouvait que pourvoir à l'essentiel : que Naftoul reçût sa part de nourriture et qu'il fût « propre sur lui ». Mais son amour et ses baisers, si précieux pour lui, étaient insuffisants. Dès lors, Naftoul s'attacha à son frère aîné Avroum. Celui-ci aimait son petit frère.

Mais d'un tempérament dominateur qu'avait renforcé sa qualité d'aîné, il le traitait en inférieur, fait pour lui obéir et se plier à sa volonté. Naftoul, par la bonté de sa nature, ne s'en affligeait pas. Car il était né pour aimer plus que pour être aimé.

Naftoul avait suivi Avroum à Paris lorsqu'il avait décidé de quitter la Bessarabie après les pogroms de 1903 et 1905 à Kichinev. Pour ces jeunes immigrés, la question d'une compagne se posait inévitablement. Avroum avait pour son bonheur connu Marguerite très tôt et l'avait épousée. Naftoul, lui, était demeuré seul, jusqu'au jour où il s'éprit de celle que toutes les mères juives redoutaient pour leur fils, une femme qui n'était pas juive, une *chiksé*, disait-on en yiddish, qu'elles considéraient alors comme une créature dépêchée par le diable pour détourner leur fils du judaïsme, c'est-à-dire trahir leur famille et d'abord leur mère. Il faut avoir vu ces tempêtes-là pour savoir à quel niveau d'intensité ces passions pouvaient aller chez les mères juives émigrées du Yiddishland. Certaines se mettaient au lit en annonçant leur mort prochaine. D'autres prenaient le ciel à témoin de leur malheur, déclarant qu'elles n'avaient pas mérité pareille trahison. Quelques-unes, plus subtiles, disaient au fils traître qu'elles comprenaient qu'il cédât aux égarements du désir, mais qu'il devait penser aux enfants à venir. Elles les voyaient déjà baptisés, même si le fils protestait de sa résolution contraire. Venait alors la flèche finale : « Si c'est cela ton bonheur, alors qu'importent ta mère et ton père – rappelé opportunément pour l'occasion. N'hésite

pas, cours la rejoindre, ta *chiksé* ! Et oublie-nous. »
C'était du Woody Allen joué par Sarah Bernhardt !
Mais la souffrance était réelle chez elles et aussi chez
leurs fils qui les aimaient tant.

Qui était cette femme qui avait pris Naftoul dans
ses rets ? On ne parlait pas d'elle à la table familiale
pour ne pas faire de peine à Idiss. Comme Naftoul
venait chez nous voir sa mère, une convention tacite
faisait que son nom n'était même pas prononcé. Mon
père, qui aimait bien Naftoul et le lui témoignait par
la cordialité de son accueil, avait peut-être reçu de lui
quelques confidences. Mais il n'en faisait jamais part à
Idiss. Elle avait rayé de sa vie la *chiksé*. La porte pouvait
s'ouvrir pour Naftoul, jamais pour elle. Même l'exemple
de Marguerite, qui rendait Avroum aussi heureux que
cet atrabilaire pouvait l'être, ne convainquait pas Idiss
d'accueillir cette *goy*, comme elle la qualifiait obstiné-
ment. Les temps ont changé, les unions entre chrétiens
et juifs se sont multipliées. Qui s'en émeut désormais
dans la société occidentale ?

Idiss n'était pas insensible à l'élégance. Elle avait vécu jeune femme dans la pauvreté des ghettos et éprouvait un sentiment de revanche à être vêtue « comme une jolie Parisienne », disait Schulim. À regarder les photos des immigrés juifs de cette époque, ils se voulaient habillés à la mode. Désir de revanche sociale ou volonté d'intégration, les juifs du Yiddish-land abandonnaient volontiers les tenues ancestrales. Seuls les aînés conservaient parfois, par piété, les costumes traditionnels des ghettos d'Europe orientale. Et si quelques vieilles femmes portaient encore des perruques, c'était par habitude ou pour satisfaire aux injonctions d'un mari dévot.

Tel n'était pas le cas dans l'entourage d'Idiss. La volonté d'assimilation qui animait les immigrés juifs les transformait vite en Parisiens, identifiables à leur accent plus qu'à leurs vêtements. Ainsi soufflait le vent de la modernité sur la famille établie à Paris ou en banlieue. Les femmes en étaient les premières

Idiss (à droite) et sa sœur, en Bessarabie, vers 1910.

Charlotte en Bessarabie, à 12 ans.

Simon Badinter (assis au centre) au lycée impérial de Kichinev, 1912.

Simon à 21 ans en tenue d'aspirant
de l'armée russe, 1916.

Simon (à droite) et un ami à Paris, vers 1922.

Charlotte à Paris, 1918.

Simon, vers 1925.

Charlotte dans le bois de Vincennes, 1923.

Mariage de Simon et Charlotte, 1923.

Charlotte et Simon, 1924.

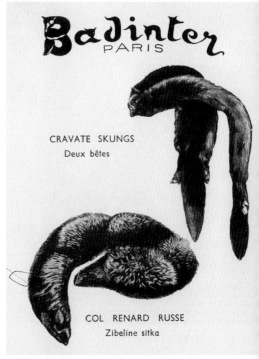

Catalogue des fourrures Badinter, années 1930.

Paris, le 24 Février 1926

A Monsieur le GARDE des SCEAUX
MINISTRE de la JUSTICE
P A R I S .

Monsieur le MINISTRE ,

    Ayant l'intention d'élire définitivement domicile en France, et espérant devenir dans un avenir aussi proche que possible citoyen français, je, soussigné Samuel BADINTER, citoyen russe, né le 20 Septembre 1895 à Télénesty (Bessarabie), titulaire d'une carte d'identité N° 199.380 du 31 Décembre 1925 renouvelée, délivrée par la Préfecture de Police à Paris, demeurant 10, Rue Lauriston et ayant un commerce de pelleteries en gros, 11, Cité Trévise,

    Ai l'honneur de solliciter de votre haute bienveillance, mon admission à domicilier en France.

    J'ai quitté la Russie au commencement de la révolution bolcheviste, en septembre 1919 et suis arrivé à Marseille le 16 Octobre 1919 porteur d'un visa délivré sous le N° 9914 par le bureau de contrôle français à Constantinople le 10 Octobre 1919.

    Depuis mon arrivée en France, j'habite Paris avec une interruption pour l'année scolaire 1920 que j'ai passée à Nancy pour y suivre les cours de l'Institut Commercial de l'Université d'où je suis sorti avec le diplome d'Ingénieur Commer(cial.

    Je suis établi à mon compte commerçant en pelleteries en gros, 11 Cité Trévise, inscrit au Registre du Commerce du Département de la Seine sous le N° 236.387.

    Je suis en mesure de fournir le cas échéant, toutes références que vous jugeriez nécessaires sur mon honorabilité et ma moralité.

    Je me suis marié le 7 Juin 1923 à Fontenay-sous-Bois (Seine), livret de famille N°10.043 avec c Mademoiselle ROSENBERG SCHIFFRA, de nationalité russe, residant à Paris depuis 1912, née à Edinetz (Bessarabie) le 24 Septembre 1899, titulaire d'une carte d'identité N° 1.923.979 délivrée par la Préfecture de Police, actuellement en instance de renouvellement.

    Je suis père d'un garçon né le 27 Avril 1925 à Paris.

    J'ai été mobilisé le 15 Mai 1915 et ai participé aux grandes offensives du Général BROUSSILOFF où j'ai été blessé.

    Espérant que vous voudrez bien prendre ma demande en considération et favorablement,je vous prie d'agréer, Monsieur le MINISTRE, l'assurance de ma très haute considération.

S Badinter

Demande de domiciliation faite par Simon, 1926.

MINISTÈRE
DE LA JUSTICE.
2/, rue de l'Université (7ᵉ arᵗ).

DIRECTION
DES AFFAIRES CIVILES
ET DU SCEAU.

Service
des Naturalisations.

Nº 2 ? 695 × 26

Le Président de la République Française

Sur le Rapport du Garde des Sceaux, Ministre
de la Justice,

Décrète :

Article premier.

Est naturalisé Français   (Art. 6 § 1ᵉʳ de la Loi du 10 Août 1927)

Badinter (Samuel)
commerçant, né le 20
septembre 1895 à
Telenechti (Russie)
demeurant à Paris

Art. 2.

Le Garde des Sceaux, Ministre de la Justice,
est chargé de l'exécution du présent décret, qui sera
publié au Journal officiel.

Fait à   PARIS   le douze Janvier
mil neuf cent vingt huit

Signé : G. Doumergue.

Le Garde des Sceaux, Ministre de la Justice,
Signé LOUIS BARTHOU

Pour ampliation :
Le Conseiller d'État,
Directeur des Affaires civiles et du Sceau,

(Nº 1621 — 347-445-1927. [2207]

Décret de naturalisation de Simon, 1928.

Charlotte avec sa mère Idiss, sa belle-sœur Marguerite et la petite Sonia, 1914.

Idiss à la plage avec ses petits-enfants (Robert dans ses bras), 1929.

Charlotte avec Robert, 1928.

Charlotte et Simon, 1929.

Claude et Robert avec leurs parents, 1930.

Claude et Robert, été 1931.

Sur la plage, Robert et son père, 1938.

CHANT

M. LETELLIER, professeur

Prix..... 1er WORMSER, Josette. — 2e TOURGEMAN, Charles.
1er RANVIER. — 2e HADAMARD. — 3e ROTTER.
Accessits.. 4e DEBRISE. — 5e DE LUZE. — 6e REIS. — 7e DOU-
BROWSKY. — 8e PIMOUILLE. — BLOCH, Denise.

GYMNASTIQUE

M. HEIDET, professeur

Prix..... 1er ANTARD DE BRAGARD, Guy. — 2e CAMPOS, Maria.
1er FERBER. — 2e LE CHEVALIER. — 3e RANVIER.
Accessits.. 4e SLYPER. — 5e BONNISSENT. — 6e NEUBAUER.
— 7e GAILLAND. — 8e REIS.
Mentions.. BOMSEL. — DARBORD. — ROTTER. — GANASCIA. —
PIMOUILLE. — DEBRISE.

PRIX DE TRAVAIL

BLOCH, Denise. — HUBSCHER, Mireille. — DE LUZE, Alain. —
GANASCIA, Jean-Pierre. — GARCIN, Jean-Louis. —
HADAMARD, Jean-Pierre. — ROTTER, Henri.
TONGAS, Jean.

HUITIÈME 2

Mlle PRABONNEAU, professeur

PRIX D'EXCELLENCE

BADINTER, Robert.

LANGUE FRANÇAISE

Prix..... 1er BOAS, Gilbert. — 2e BADINTER, Robert.
1er OPPENHEIMER. — MARIENSTRASS. — 3e IMPE-
GNEUX. — 4e AUBERT. — 5e PITAVET. — 6e LI-
PROUX. — 7e DREYFUS, Jean-Pierre. — 8e HOR-
CHEZ. — SCHULLER, Jacqueline.
Mentions.. BERNARD. — GUÉRET, Nicole. — KOHLER, Junñoa.

DESSIN

M. MERMET, professeur

Prix..... 1er PERDRIEUX, Robert. — 2e CORCODEL, Philippe.
1er FORRAY. — 2e FLOUTIER. — 3e GRÉVISSE.
Accessits.. 4e COMPAIN.

GYMNASTIQUE

M. DEGREMONT, professeur

Prix..... 1er PERDRIEUX, Robert. — 2e GIRARD, François.
1er FORRAY. — 2e ESTRABAUD. — 3e GUÉRIN.
Accessits.. 4e NICOLE. — 5e SOMMERVOGEL.
Mentions.. PERINEAU. — MARLÉ. — MAHÉAS.

CINQUIÈME A 4

PRIX D'EXCELLENCE

BADINTER, Claude.

LANGUE FRANÇAISE

M. ESNAULT, professeur

Prix..... 1er BADINTER, Claude. — 2e DE PERCIN, Gérard.
1er DONNET. — 2e MEYER. — 3e RODHAIN. — 4e LE-
Accessits.. CUYER. — 5e PARER. — 6e REVERCHON. —
Mentions.. LE LAY. — COLLARD. — BRUNNER. — COTTIN. —
DAL MEDICO.

VERSION LATINE

Prix..... 1er BADINTER, Claude. — 2e WAHL, François.
1er CONDEVAUX. — 2e PARER. — 3e DE PERCIN.
Accessits.. 4e LAMBERT. — 5e LÉCUYER. — 6e COLLARD.

THÈME LATIN

Prix..... 1er BADINTER, Claude. — 2e CORCODEL, Philippe.

Distribution des prix en 5e A pour Claude et en 8e 2 pour Robert, au lycée Janson-de-Sailly, 1937.

Naftoul et Idiss à Nantes, 1940.

Nantes, janvier 1940
(Robert, Simon, Charlotte et Claude).

Charlotte, Idiss et Avroum, vers 1938.

Idiss, 1938.

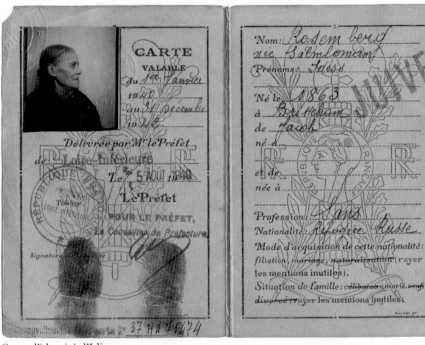

Carte d'identité d'Idiss.

bénéficiaires. Et notamment Idiss, qui conjuguait le goût de l'élégance et les ressources de l'atelier de Marguerite. S'y ajoutait la volonté de Charlotte que sa mère ait toujours bonne apparence. Idiss ne détonnait donc en rien lorsqu'elle se promenait en famille sur les boulevards parisiens. Quand elle s'examinait avant de sortir dans le grand miroir de l'entrée, elle pouvait mesurer le changement de sa condition depuis le *shtetel* bessarabien. S'en étonnait-elle ? J'en doute, tant ces juifs de nulle part se trouvaient chez eux partout, pourvu qu'ils fussent avec les leurs.

S i la vie quotidienne apportait à Idiss des moments de plaisir, c'était pendant l'été qu'elle connaissait le bonheur. Mes parents louaient une villa au bord de la mer, en Bretagne ou en Normandie. Ma mère professait que le grand vent et les vagues froides étaient bons pour des garçons en pleine croissance. Elle excluait donc toutes vacances sur la Côte d'Azur ou la Côte basque, au climat jugé émollient.

Début juillet, nous quittions Paris pour les rives de l'Atlantique ou les plages de la Manche. Des malles, emplies de linge et de vêtements pour l'été, étaient parties la veille pour être livrées à notre arrivée. Charlotte, qu'inquiétait la perspective de laisser Idiss assumer seule la responsabilité du voyage, nous accompagnait. Elle dirigeait la petite troupe familiale dans la gare bondée d'une foule d'enfants agités, de parents énervés et d'employés des chemins de fer exaspérés. Nous gagnions le compartiment de deuxième classe où nos places étaient réservées depuis longtemps.

Le sifflet du chef de gare résonnait, il agitait son drapeau, le train à vapeur s'ébranlait. Appuyés à la fenêtre, mon frère et moi regardions les immeubles de la banlieue défiler. Ma mère, après avoir casé les valises dans le filet à bagages avec le concours de messieurs empressés, venait nous chercher. Nous quittions à regret le couloir où nous gênions la circulation des voyageurs. Bientôt, Idiss tirait d'un panier en osier les baguettes fourrées de gruyère, à défaut de jambon, banni par la religion. Les gâteaux au miel et aux raisins suivaient. Le voyage était pour Idiss une occasion propice de nous bourrer de mets bien au-delà du nécessaire. La chaleur de l'été envahissait le compartiment. L'ombre des rideaux baissés incitait à la sieste. Je voyais les adultes s'abandonner à un sommeil bienvenu après les énervements du départ. Mon frère et moi restions éveillés sur un livre pour lui, des illustrés pour moi. Ainsi passaient les heures et s'écoulaient les kilomètres. Je regardais de temps à autre Idiss, la tête calée sur un petit coussin, la bouche entrouverte. L'ombre d'un sourire s'esquissait sur son visage ridé. Dors, Idiss, dors, grand-mère, c'est le temps des vacances, le temps du bonheur, et tu l'as bien mérité.

Les familles qui formaient la parentèle d'Idiss, venues de Bessarabie ou nées en France, se retrouvaient l'été dans les mêmes lieux de villégiature. Les hommes ne prenaient que deux ou trois semaines de repos pendant le mois d'août, quand Paris était désert et les affaires au point mort. Le reste de l'été, ils se retrouvaient au train du vendredi à la gare Montparnasse ou à la gare Saint-Lazare pour rejoindre leur famille pour le week-end dans les villas de location. La famille entière, épouse et enfants, les attendait à l'arrivée. Au long du voyage, les conversations, parfois en yiddish, allaient bon train sur la vie politique qui passionnait ces immigrés. Et surtout sur la situation internationale depuis que Hitler régnait sur l'Allemagne. Les avis divergeaient sur la conduite des affaires par les gouvernements successifs. Mais la confiance demeurait entière dans l'armée française et l'obstacle infranchissable que constituait la ligne Maginot.

Pour les enfants, les nuages, toujours plus chargés à l'horizon politique, n'obscurcissaient pas la joie des vacances. Idiss écoutait attentivement les propos échangés par mon père et ses amis quand ils se réunissaient chez nous pour un bridge. Comme elle ne lisait pas les journaux, elle ne mesurait pas exactement la montée des périls, ni la xénophobie et l'antisémitisme grandissant avec la crise économique dans la société française. Elle rappelait parfois le dicton : « Il y aura toujours en ce monde des chiens enragés pour mordre les juifs. » Mon frère et moi citions volontiers ce propos ancestral pour nous moquer des antisémites les plus virulents. Nous ne pouvions alors deviner que les chiens seraient bientôt lâchés.

Parce qu'elle retrouvait en bord de mer des parents et amis, Idiss coulait là des jours heureux. Tous venaient l'embrasser, assise à l'ombre d'un parasol blanc à bandes bleues. Les aînés s'installaient sur des fauteuils de toile. Certains restaient un court moment, puis reprenaient leur promenade. D'autres demeuraient assis, à bavarder avec elle. Parmi tous ces visiteurs, elle préférait les enfants, qui venaient à l'heure du goûter dévorer les brioches et madeleines que son grand sac abritait. Ils repartaient en courant, comme s'envolent les mouettes. Un marchand ambulant poussait un chariot peint de couleurs vives où reposaient de grands bacs de glaces aux noms enchanteurs : vanille, chocolat, pistache, café, tutti frutti. Pour les enfants, c'étaient là des plaisirs chaque jour renouvelés. Pour Idiss, des moments de bonheur qui illuminaient sa vie.

Comme toutes les familles bourgeoises, l'automne nous ramenait à Paris. Pour mon frère et moi, la rentrée scolaire était un plaisir plus qu'une épreuve. Les retrouvailles avec les copains, la rencontre de nouveaux maîtres, la prise de possession des salles de classe, au demeurant identiques à celles que nous avions connues, donnaient à la rentrée une atmosphère de découverte, alors qu'en réalité la continuité l'emportait. Il en allait de même pour Idiss. Le retour à Paris n'était pour elle que la reprise de sa vie antérieure.

L'écho des crises internationales, et surtout celle de l'été 1938 qui s'acheva par le désastreux accord de Munich, parvenait jusqu'à Idiss. Mon père, de plus en plus tendu, en parlait fréquemment à la maison avec des amis. Beaucoup avaient obtenu leur naturalisation. Ils nourrissaient à l'égard de la France des sentiments complexes, mélange de reconnaissance et de susceptibilité, comme des enfants blessés parce que leur mère adoptive ne leur donne pas toutes les preuves d'amour espérées ou, pire encore, paraît regretter leur présence.

Les filles nourrissaient aussi des ambitions qu'elles taisaient souvent à leurs parents, qui les voyaient toujours en épouse et mère comblée par la réussite de leur mari. Ces jeunes filles imposaient cependant leur volonté de poursuivre des études supérieures et d'exercer une profession libérale ou des fonctions d'enseignante. Cette révolution culturelle au sein des familles immigrées n'allait pas sans conflits ni tempêtes. Mais souvent ils s'achevaient par le triomphe de la volonté de ces jeunes filles qui assumaient leur liberté, à l'admiration secrète de leurs mères.

À cet égard, Charlotte, malgré son caractère trempé, n'avait pas réussi à faire accepter son projet de poursuivre des études secondaires au lycée. La tradition pesait trop lourd encore dans sa famille. Mais à ses yeux, ni richesse ni renommée n'équivalait aux diplômes prestigieux. Dès le début de notre scolarité, elle nous le fit savoir, à mon frère et moi. Son principe d'éducation était simple : puisque nous étions ses fils, nous ne pouvions être que les premiers de la classe ! Tout manquement à cette règle était donc de notre faute. À bon entendeur...

En ces temps d'avant-guerre, la fin de l'année scolaire était marquée par la traditionnelle distribution des prix. Dans le lycée parisien dont nous étions élèves, mon frère et moi, la cérémonie se déroulait selon le protocole républicain. Les lauréats arrivaient en famille, irradiant de fierté. Ils gagnaient les emplacements réservés dans la grande cour, par classes, les plus jeunes au premier rang, les autres, jusqu'aux classes préparatoires aux grandes écoles, alignés derrière eux. Les professeurs en robe académique formaient des blocs colorés de chaque côté du monument aux morts du lycée, avec leurs noms gravés en lettres d'or. Les élèves se succédaient pour lire les noms de leurs prédécesseurs, suivis de la phrase rituelle « mort pour la France », prononcée à voix forte par l'ensemble de la classe. Rien de plus émouvant que d'entendre ces voix d'adolescents scander, l'un après l'autre, ces noms inscrits sur le marbre. Il y avait là un moment intense où se nouait la chaîne des générations, des jeunes gens disparus au combat pour la patrie jusqu'aux adolescents qui étaient éduqués pour ce sacrifice.

Car nous étions élevés dans l'amour de la France. Ces cérémonies nous rappelaient que nous aussi pouvions être appelés à mourir pour elle. Nos professeurs arboraient les médailles gagnées au combat, le regard perdu dans leurs souvenirs. L'émotion, toujours contenue, était à son comble quand retentissait dans le silence la sonnerie « Aux morts ». La fanfare du lycée, plus vigoureuse qu'harmonieuse, faisait résonner *La Marseillaise*. Le poème que nous avions tous appris prenait là toute sa force : « Mourir pour la patrie… » Chacun de ces adolescents s'imaginait lançant sa dernière grenade sur l'ennemi. La République était guerrière et les élèves grandissaient dans cette culture patriotique. Les temps ont heureusement changé, nos ennemis sont devenus nos amis et la paix règne en Europe. C'est bien ainsi. Mais de ces moments-là, où je rêvais à la grandeur du sacrifice ultime pour la patrie, j'ai conservé un souvenir intense.

Mon père, assis aux côtés de ma mère et d'Idiss, assistait dans la cour de notre lycée à la distribution des prix. Son nom résonnait, précédé du prénom de ses fils qui montaient chercher sur l'estrade les livres rouges à tranches dorées. Quand j'évoque ces heures de gloire scolaire, c'est d'abord lui que je revois et ses yeux brillants de fierté. À travers les distinctions scolaires de ses fils, dans cette cérémonie si française, c'était aussi lui qui était récompensé par la République. Moments insignes d'un bonheur précaire auquel la guerre allait mettre fin.

B ien des causes d'inquiétude se levaient à l'horizon. Idiss n'était pas intéressée par l'évolution
politique des États européens, faute de connaissances.
Mais elle n'ignorait pas la montée de l'hitlérisme en
Allemagne, avec son cortège de violences et d'exac-
tions antisémites. De Bessarabie, devenue province
roumaine, parvenaient des lettres de cousins qui évoquaient à mots couverts la persécution croissante des
juifs par les membres de la Garde de fer[1], organisation
fasciste et antisémite proche du maréchal Antonescu.
Les nazis et leurs homologues dans l'Europe centrale
et les Balkans avaient à nouveau transformé les juifs
européens en peuple errant. Le sionisme gagnait de

---

1. Parti politique ultranationaliste et antisémite fondé en
1927, la Garde de fer obtint ses premiers succès électoraux dans
les années 1930 en Roumanie. Son fondateur, Codreanu, fut tué
par la police en 1938. En septembre 1940, le maréchal Antonescu
prit le pouvoir en s'alliant à la Garde de fer. Mais Antonescu se
débarrassa des principaux leaders de ce parti après leur rébellion
de janvier 1941.

plus en plus de militants. Mais le Royaume-Uni, titulaire d'un mandat international pour administrer la Palestine, observait sans bienveillance le renforcement des colonies juives et le flux croissant des émigrants juifs vers la Terre sainte. Sur place, l'administration britannique soutenait la cause des Arabes plutôt que celle des Juifs, moins par idéologie que selon l'intérêt de l'Empire britannique. Que pouvait en effet lui rapporter la création d'un État juif, sinon l'hostilité d'États arabes plus importants à ses yeux que l'improbable retour des juifs en Palestine ?

Pour Idiss et toute la famille, comme pour tous les juifs en Europe, l'obsession, c'était Hitler et le nazisme. L'idéologie nazie, se réclamant non plus de la religion mais de la science, dénonçait les juifs comme une race inférieure et perverse dont il fallait purger l'humanité. Pour la première fois, un homme politique proclamait que, lui au pouvoir, les juifs disparaîtraient du Reich allemand. *Mein Kampf* n'était qu'un long cri de haine. Le racisme et l'antisémitisme flamboyaient tout au long de l'ouvrage. Mais qui avait lu *Mein Kampf* ? Le livre comme son auteur faisaient peur et horreur aux juifs, qui évitaient sa lecture.

Comme toute la famille, Idiss écoutait à la radio les discours de Hitler au congrès de Nuremberg ou au Sportspalast de Berlin. La voix rauque fulminait, lançant menaces et imprécations. Idiss percevait le message de haine dont l'orateur était possédé. Mon père, qui comprenait l'allemand, tendait l'oreille vers le grand poste en bois d'acajou. Par moments, il hochait la tête, la consternation inscrite sur son visage. Ma mère vaquait, de la cuisine au salon, s'arrêtant parfois pour écouter. Idiss était assise entre mon frère et moi sur un canapé de style Louis XVI, recouvert d'une tapisserie rose. Nous nous taisions, sur ordre de notre mère, pour que notre père puisse mieux entendre la voix du Führer à travers le grésillement du poste. Exaspéré par les acclamations de l'auditoire, il coupait d'un coup sec la retransmission. Le visage fermé, il échangeait alors quelques commentaires avec ma mère. L'angoisse se dissipait. Mais elle reviendrait souvent dans les années suivantes.

Ma mère souhaitait que la famille disposât d'un appartement plus vaste et plus ensoleillé. Les recherches furent longues, car elle était difficile à satisfaire. Enfin, son choix s'arrêta sur un grand appartement situé au dernier étage d'un immeuble bourgeois construit au début du siècle. Mon père ratifia cette préférence. Idiss devait bénéficier d'une grande chambre sur une cour ensoleillée. Mon frère et moi nous vîmes assigner une chambre sur la rue. Du balcon, on voyait la tour Eiffel sur laquelle brillait dans la nuit le nom « Citroën ». Comme Citroën était juif, les antisémites dénonçaient ce symbole étincelant de l'emprise juive sur l'industrie française. Claude et moi n'y voyions évidemment rien de tel. J'aimais, encore enfant, écrivant sur un pupitre lové dans un angle de la pièce, regarder cette tour scintillante de lumières dans la nuit.

Pour Charlotte, cet appartement de Passy symbolisait la réussite sociale à laquelle elle aspirait. Elle avait, comme dans les romans populaires, épousé l'homme qu'elle aimait passionnément. Ses deux fils, qu'elle trouvait si beaux dans le secret de son cœur, poursuivaient leurs études avec succès dans un lycée réputé. Elle avait assuré à Idiss, sa mère, une vieillesse paisible auprès des siens. Simon avait créé à force de travail, et aussi grâce à elle, une entreprise de fourrures qui prospérait. Et désormais, elle disposait d'un bel appartement, dans le quartier de son choix, le 16e arrondissement. Dieu, pensait-elle, l'avait justement récompensée. Elle lui en était reconnaissante et le remerciait aux fêtes rituelles.

C omme pour fêter cette réussite, la famille célébra la bar-mitsva de mon frère Claude au printemps 1938. Vêtus à neuf, nous nous rendîmes, dans la nouvelle Citroën acquise par mon père, à la synagogue de la rue Copernic. Ce n'était pas le grand temple de la rue de la Victoire, ni celui, plus orthodoxe, de la rue Pavée, dans le Marais. Mais tout y respirait le bon ordre de la bourgeoisie juive française à laquelle Charlotte avait tant souhaité appartenir. Le long périple qui l'avait menée du *shtetel* natal en Bessarabie aux beaux quartiers de Paris était accompli.

Et Idiss, dans cette fête, cette effervescence, la famille rassemblée autour d'elle ? Neveux et nièces, cousins, venaient tour à tour l'embrasser dans l'angle du salon réservé dans un grand hôtel parisien. Le yiddish fleurissait autour d'elle autant que le français. C'étaient des retrouvailles avec des parents éloignés que Charlotte avait invités pour elle. Et des exclamations sans fin : « Comme la petite a grandi ! » disait Idiss à une cousine traînant avec elle une adolescente à la mine maussade et aux boucles frisées. Un peu étourdie par l'éclat des voix et le bruit des couverts, Idiss souriait aux danseurs qui s'agitaient sur la piste au rythme d'un petit orchestre qui alternait fox-trot et folklore yiddish. Mais au fond de son cœur, la pensée de Schulim, s'il avait pu être présent ce soir-là et l'inviter à danser, ne la quittait pas. Pour elle, cette absence donnait à la soirée une dimension secrète de mélancolie.

La fête s'acheva à une heure plus tardive que prévu. Au retour, je m'endormis dans la voiture, sur l'épaule d'Idiss, assise sur la banquette arrière entre mon frère et moi. Le trajet fut bref. En arrivant, mon frère voulut voir les cadeaux que les invités lui avaient apportés. Charlotte y mit bon ordre et nous envoya promptement nous coucher. Idiss vint nous embrasser. J'ai conservé le souvenir du parfum d'eau de Cologne dont elle se versait deux gouttes derrière les oreilles avant de « sortir », comme elle disait. Ce parfum-là, quand il m'arrive d'en percevoir l'odeur des décennies plus tard, évoque son visage penché vers moi pour me donner un dernier baiser. Je ferme les yeux. C'est mon enfance revisitée.

L'été 1939 s'écoula comme les précédents, pour mon frère et moi, au bord de l'océan. Pourtant, ces mois-là demeurent particuliers dans ma mémoire. L'angoisse de la guerre, la tension des adultes et le visage de mon père penché sur le poste de radio évoquent l'imminence du conflit.

Pour l'enfant que j'étais, le mot de « guerre » rappelait nos livres d'histoire, la bravoure de nos soldats et les défilés de la victoire. Nous étions nourris d'héroïsme et ne rêvions que de gloire. Pour mon père, c'était tout le contraire. Il avait subi la misère des tranchées de la dernière guerre, la souffrance des corps blessés. Comme tous les anciens combattants, il connaissait trop bien les horreurs de la guerre pour ne pas redouter celle qui s'annonçait. Il n'était pas défaitiste, car il avait une foi inébranlable dans l'armée française. Mais il détestait la guerre. Parfois, quand mon frère et moi l'accompagnions au marché d'un village proche, je le voyais s'arrêter devant le petit monument en bronze qui commémorait le souvenir des soldats « morts pour la patrie, 1914-1918 ». Les noms des membres d'une même famille s'inscrivaient au long de ces années de sang. Seuls les prénoms changeaient. Je voyais mon père s'approcher, enlever son chapeau de paille et rester là immobile, à fixer les noms si français de ceux qui, à des milliers de kilomètres, avaient été des frères d'armes inconnus. Puis il s'éloignait lentement, perdu dans ses souvenirs et me tenant par la main. Il ne prononçait aucune parole, s'abstenait de tout commentaire. Je savais qu'il craignait la guerre, non plus pour lui, mais pour mon frère quand il aurait atteint l'âge de servir. Aussi était-il, comme beaucoup d'hommes de sa génération, à la fois pacifiste et patriote, car il aimait la France, sa patrie d'adoption, et la République.

Pour mon père, comme pour beaucoup d'immigrés naturalisés, la question se posait toujours : les Français d'origine me considèrent-ils comme un des leurs ? La réponse à cette époque s'avérait incertaine. Dans la vie publique, ligues fascisantes et groupements d'extrême droite clamaient le slogan « La France aux Français ». Les naturalisés étaient qualifiés par eux de métèques. Les grandes grèves de 1936 et le succès du Front populaire aux élections, portant au pouvoir un gouvernement dirigé par Léon Blum, disciple de Jaurès et incarnation de l'humanisme socialiste, furent considérés par la droite française comme un outrage. « Vous n'avez pas assez de terre française à la semelle de vos souliers ! » s'exclamait à la tribune du Sénat

Joseph Caillaux[1]. Jamais, depuis l'affaire Dreyfus, l'antisémitisme en France n'avait atteint pareille intensité. La propagande antisémite était interdite par la loi. Mais elle s'étalait sur les murs. Ce n'était pourtant qu'écorchures au regard de ce qui allait suivre.

Nous étions établis pour les vacances en Loire-Atlantique, près de l'embouchure de la Loire, dans la station balnéaire contiguë à la grande plage de La Baule. Le Pouliguen alignait des villas sans prétention qui n'avaient de charme que par la vue de l'océan Atlantique déroulant ses vagues à l'infini. Le climat y est plus doux que celui des côtes normandes. Un club Mickey pour les enfants nous offrait ses agrès et ses jeux. Le soir, nous nous promenions avec Idiss le long du petit estuaire, où se pressaient des bateaux de pêche ou de plaisance, modestes, à l'image de la station.

Mon père détestait les défilés militaires et refusait de nous y conduire. En revanche, il avait un goût d'enfant pour les feux d'artifice et ne manquait jamais de nous mener sur la plage où ils étaient tirés. Les familles se regroupaient, les visages tournés vers le ciel. Des fusées de toutes couleurs explosaient au-

---

1. Plusieurs fois ministre des Finances, notamment sous le gouvernement Clemenceau en 1906, Joseph Caillaux (1863-1944) fut président du Conseil de 1911 à 1912. Il contribua à la chute des gouvernements Blum en 1936 et 1937. Le 10 juillet 1940, il vota les pleins pouvoirs au maréchal Pétain.

dessus de la mer et leurs débris s'éteignaient dans les flots. Chaque salve était saluée d'applaudissements et d'exclamations. Et quand explosait en mille feux, bien haut dans le ciel, le bouquet final, un cri d'admiration s'élevait de la foule. La baie tout entière s'illuminait pendant les quelques minutes où les fusées s'entrecroisaient à grand bruit. Elles redescendaient en tourbillon vers l'océan. Un tonnerre d'applaudissements saluait la performance.

Dans la nuit, que seule trouait la lueur des réverbères, nous rentrions doucement, Idiss me tenant la main, parce que j'étais le plus jeune de ses petits-enfants. Une halte s'imposait comme un rituel chez le glacier de la jetée, étincelante d'ampoules colorées. Tout à cet instant respirait le bonheur et la paix. Nous étions le 14 juillet 1939.

Mon père, cet été-là, écourta ses vacances. Lorsqu'il venait au Pouliguen, je le voyais, assis dans le petit jardin qui s'ouvrait sur la mer, le regard perdu sur l'horizon. Goûtait-il ces moments ultimes de paix ou pensait-il aux dispositions à prendre pour protéger sa famille dans la tempête qui s'annonçait ? Comment en prévenir les risques pour les siens ? Il n'envisageait pas une guerre courte et une victoire rapide. Il imaginait plutôt un long conflit où le Moloch sanglant prélèverait son lot toujours accru de victimes. Il évaluait avec ma mère les avantages et les inconvénients de tel ou tel projet. Il prévoyait son départ aux armées lorsqu'on appellerait les réservistes dans des postes à l'arrière du front, surveillant les gares ou assumant les tâches administratives. Bref, il pensait le conflit qui s'annonçait en fonction de la guerre précédente. En cela, il ne se distinguait pas de nos chefs militaires. Il ignorait que les stratèges allemands concevaient l'affrontement en termes nouveaux. Une nouvelle génération d'officiers avait été préparée pour cette guerre de demain, et non pour refaire celle du passé. Surtout, mon père redoutait les bombardements aériens sur Paris, même éloigné de la zone des combats. Il décida donc avec l'accord de ma mère qu'elle s'établirait loin de la capitale, en Bretagne. Ma mère ouvrirait là un magasin de fourrures pour y écouler le stock de l'entreprise. Ainsi la famille vivrait-elle à l'abri jusqu'à la victoire finale dont mon père ne doutait pas. Ma mère acquiesça à ses projets. Le hasard voulut qu'à Nantes un fourreur encore jeune mît en location sa boutique pour la durée de sa mobilisation. Et c'est ainsi qu'en septembre 1939, Hitler ayant envahi la Pologne et la guerre ayant été déclarée, ma mère s'établit à Nantes avec Idiss, mon frère et moi.

Chapitre VII

Le désastre

L'année scolaire qui suivit la déclaration de guerre fut, à tous égards, singulière. L'automne et l'hiver 1939-1940 s'écoulèrent sans qu'on ressentît à Nantes que nous étions en guerre. Certes, dans les rues, les militaires en uniforme kaki étaient nombreux, surtout les Anglais, car Nantes servait de base arrière aux troupes qui débarquaient dans les ports de l'Atlantique. Au cinéma, le jeudi après-midi, les actualités montraient des images de la ligne Maginot et des spectacles présentés au « théâtre des armées » par des vedettes accomplissant leur devoir patriotique. Parfois, nous voyions la haute mer où se déployaient nos navires de guerre. Ou bien c'était en montagne, des chasseurs alpins gravissant les cimes, tout vêtus de blanc, mais le fusil en bandoulière, sans doute pour nous rappeler que nous étions en guerre.

Au petit lycée Clemenceau de Nantes, hormis les masques à gaz distribués aux élèves et la présence de quelques professeurs féminins qui remplaçaient leurs collègues masculins appelés aux armées, il n'y avait aucun signe du conflit. C'étaient les mêmes programmes, les mêmes ouvrages et les mêmes méthodes qui étaient en usage dans les lycées, à Paris comme en province. Le changement était ailleurs, dans notre vie quotidienne. Mon père venait à Nantes pour le week-end. Son absence nous pesait. Ma mère Charlotte tenait le magasin avec l'assistance d'un vieil ouvrier fourreur. Elle assurait l'accueil des rares clientes. Il avait l'avantage, à mes yeux, d'être situé en face d'une pâtisserie. Je ne manquais pas de m'y arrêter dans l'espoir que ma mère m'enverrait acheter des galettes bretonnes. Idiss ne venait plus que rarement me chercher à la sortie du lycée. Son accent et son langage particulier suscitaient chez mes condisciples nantais surprise et parfois ricanements. Je redoutais qu'elle en souffrît. Elle en était blessée en effet, mais plus pour moi que pour elle.

Idiss s'était pourtant vite adaptée à notre changement de vie. Nous habitions un appartement dont deux pièces sur la cour servaient d'entrepôt aux fourrures que mon père avait déposées là. De cette réserve située au bout d'un long couloir, à côté de l'escalier de service, se dégageait une odeur sauvage qui m'était familière. La chambre où nous dormions, mon frère et moi, surplombait les fossés du château de la duchesse Anne. Un pont de pierre menait à l'entrée de celui-ci. Des biches broutaient dans ces fossés tapissés d'herbe, prêtes à bondir au premier bruit insolite. Cette vision évoquait les contes de fées que j'affectionnais. Tout autant que moi, Idiss goûtait leur beauté délicate. Peut-être lui rappelaient-elles les forêts giboyeuses de son enfance en Bessarabie. Toujours est-il qu'Idiss aimait s'asseoir sur le balcon face au château pour regarder ces fossés et ces biches paisibles, un tricot sur les genoux. Quand je la surprenais ainsi rêveuse ou parfois assoupie, elle reprenait précipitamment son ouvrage. Car elle ne voulait jamais être vue dans une oisiveté qu'elle réprouvait.

Ce qu'Idiss goûtait le plus dans cette vie de province, c'étaient les grands marchés qui se tenaient deux fois par semaine sur l'esplanade du château. Il y avait là un débordement de légumes et de fruits frais reposant sur les tréteaux dressés par les maraîchers. Toutes les richesses et les délices de la région s'étalaient devant elle. Idiss était à son affaire, pointant du doigt les paniers d'œufs frais ou choisissant ces merveilles de crème mousseuse qu'on appelle des fontainebleaux. De retour à la maison, nous les dégustions ensemble, sur la table de la cuisine à l'heure du goûter, comme des chats gourmands.

Dans cette guerre qui n'en finissait pas de commencer, nous avions tous deux repris à Nantes nos habitudes parisiennes. Tous les jeudis après-midi, nous nous rendions au cinéma. La séance était longue, le programme copieux : deux films, les actualités, un dessin animé se succédaient sur l'écran. L'entracte permettait aux ouvreuses d'écouler leurs confiseries. Entrés à quatorze heures, nous quittions la salle en fin d'après-midi, la tête farcie d'images et les yeux rougis. Idiss aimait les westerns, dont l'intrigue élémentaire lui convenait. Nous goûtions les comédies burlesques, les films de Charlot ou de Laurel et Hardy. Idiss était bon public et, comme tous les enfants de mon âge, j'étais boulimique de cinéma. Cette passion tissait entre nous des liens particuliers, car ces plaisirs nous étaient communs et nous étions seuls à les partager. Ces jeudis-là, mon frère avait en effet d'autres occupations, plus plaisantes pour un adolescent de quinze ans que le cinéma avec sa grand-mère.

Soudain, en mai, la guerre, la vraie, fit irruption dans notre vie. Elle ne devait plus nous quitter pendant les cinq années qui suivirent.

Mon enfance a pris fin le 10 mai 1940, lorsque les armées allemandes se ruèrent sur la Hollande et la Belgique, qui avaient pourtant proclamé leur neutralité. Il y avait eu en septembre, en Pologne, une éclatante démonstration de la nouvelle stratégie allemande : frappes aériennes sur les populations civiles et les villes sans défense, utilisation massive des chars d'assaut qui n'avaient jamais si bien justifié leur nom. La puissance de l'armée allemande s'étalait sur les écrans des actualités. Mais la Pologne n'était pas la France et nous avions la ligne Maginot ! Hitler la contourna au nord, en envahissant la Belgique, et au sud, où les Ardennes étaient réputées infranchissables. Au mépris de la doctrine de notre état-major, il lança ses divisions blindées à travers la forêt. Pour échapper à une destruction totale, il fut décidé de ramener par mer en Angleterre les troupes prises au piège sur les plages de Dunkerque. Beaucoup d'hommes, grâce à la marine alliée, purent échapper à l'étau. Mais des dizaines de milliers d'autres furent faits prisonniers et envoyés en Allemagne. La bataille de France était perdue, mais nous ne le savions pas encore.

De cette défaite qui allait tourner à la débâcle, la radio nous tenait au courant par des communiqués sibyllins, en mentionnant des combats dans des villes déjà prises. À Nantes, nous mesurions l'étendue du désastre au flux toujours croissant de réfugiés qui fuyaient l'avancée des troupes allemandes. Le lycée Clemenceau avait été transformé en centre d'accueil. Dans la cour, des véhicules de toutes sortes étaient garés, de la limousine à la camionnette, tandis que les conducteurs erraient dans la ville, des bidons vides à la main, en quête d'essence. Mon frère et moi apportions à ces réfugiés hagards des sandwiches confectionnés par Idiss, épouvantée devant ce désastre auquel rien ne nous avait préparés.

Charlotte reçut enfin un coup de téléphone de Simon. Il avait quitté Paris en voiture et se trouvait sur une route secondaire, à proximité du Mans. Il appelait ma mère pour lui dire qu'il pensait arriver à Nantes le lendemain. J'avais pris l'écouteur. La communication grésillait. J'entendis la voix de mon père qui nous envoyait des baisers. Elle disparut. La communication était coupée. Idiss nous avait rejoints dans la grande pièce où se trouvait le téléphone. Elle regardait ma mère qui parlait à mon père. Quand la conversation s'interrompit, elle posa quelques questions à Charlotte en yiddish. Celle-ci lui répondit d'un ton calme pour ne pas l'inquiéter. Je voulus embrasser ma mère, mais je ne le fis pas. J'avais appris d'elle qu'un garçon ne doit pas pleurer, qu'il doit toujours se conduire « en homme », comme elle disait. Je ne suis pas sûr aujourd'hui que cette éducation virile fût la meilleure. Mais je me conformai à sa volonté. Au temps des épreuves qui s'annonçaient, ces leçons de caractère ne seraient pas inutiles.

Mon père, qui était mobilisable, voulait gagner le Sud de la France. Peut-être allait-on appeler les réservistes, dans un ultime effort pour redresser la situation militaire ? C'était une pensée absurde au regard du rapport des forces en présence. Mais mon père ne pouvait accepter la réalité de la défaite. La débâcle de l'armée française, le triomphe de Hitler, l'occupation de Paris, c'était son monde qui s'effondrait. Il voulait revoir Charlotte et ses enfants avant de plonger dans la nuit de l'avenir. Il arriva enfin à la maison, épuisé. Ma mère se jeta dans ses bras. Je crois que c'est la première fois que je la vis en larmes. Ce ne fut pas hélas la dernière dans les années qui suivirent. Mon frère et moi nous précipitâmes pour l'embrasser à notre tour. Puis ce fut Idiss, avant de s'éclipser dans la cuisine pour lui préparer un dîner à son goût. Au repas, mon père nous raconta son odyssée, les routes nationales interdites aux voitures civiles, les petites voies débordantes de véhicules hétéroclites, de la limousine aux charrettes. Des avions allemands descendaient en piqué pour lâcher quelques bombes et susciter une panique qui bloquait toute circulation. C'était la débâcle décrite par Zola, mais aux temps modernes où la machine était devenue la reine des batailles. Mon père se retira ensuite avec ma mère pour se reposer. Quelques heures plus tard, Charlotte vint nous dire qu'ils avaient décidé que mon frère Claude, adolescent robuste pour son âge, partirait avec lui. Ils iraient à Toulouse où étaient établis des amis. Mon cœur se serra à l'idée de rester sans mon frère, avec lequel j'avais toujours vécu en osmose. Lui ne voyait dans ce départ qu'aventures inédites. L'excitation l'emportait sur l'émotion. Idiss, elle, pleurait en voyant s'en aller son petit-fils vers un avenir inconnu, loin d'elle qui avait toujours veillé sur lui. Mon père, le visage tendu, refusant de céder à l'émotion, précipita le départ. Les derniers baisers échangés, ils descendirent l'escalier avec leurs valises et gagnèrent la Citroën poussiéreuse. Mon père étreignit ma mère, il m'embrassa en me demandant de veiller sur elle puisque j'étais maintenant le seul homme de la maison. Puis ce fut le tour d'Idiss qui ne pouvait retenir ses larmes. Bien vite, la voiture démarra, la main de Claude nous envoya un dernier salut. Nous restâmes seuls dans la rue vide.

La victoire allemande fut ressentie par Idiss comme une catastrophe. Je la voyais tous les soirs, au coucher du soleil, regagner sa chambre pour y prier l'Éternel. Elle n'était pas bigote, mais elle croyait au Dieu des juifs, en Jéhovah. Ainsi s'adressait-elle à Lui. Elle le suppliait de tout son cœur usé de sauver sa famille du désastre où elle voyait la France s'engloutir. Comme Hitler était pour elle Satan incarné, un démon lancé sur la terre pour tuer tous les juifs, elle demandait à Jéhovah de nous protéger contre lui. Elle n'osait pas prononcer les mots « de le faire mourir ». Ces vœux de mort, elle ne pouvait les formuler à l'adresse de Dieu. Mais, au-delà des circonlocutions, la demande était claire : il fallait que Jéhovah, le tout-puissant, fasse disparaître Hitler. Sinon, ce serait la fin de millions d'innocents sur la terre. Et cela, le Dieu de justice ne pouvait le permettre. Sa voix n'était plus que douleur et supplications. Elle ne manquait pas de convoquer l'âme de Schulim pour qu'il se joigne à ses prières.

Parfois, je me suis interrogé sur la foi d'Idiss. Quel sentiment l'animait lorsqu'elle priait ainsi, en ces temps d'épreuves ? Enfant à l'école de la petite synagogue bessarabienne, elle avait jadis appris les rudiments de la religion juive. Elle avait été élevée dans ses pratiques et avait vécu selon ses rites. Avait-elle cependant conservé une foi inaltérable dans la bonté et la justice divine ? En ces jours du printemps 1940, elle suppliait l'Éternel tout-puissant de secourir son peuple et de protéger sa famille. Mais le soleil brillait de l'aube au coucher sur le triomphe de l'armée allemande. Et le silence de l'Éternel était accablant.

Nantes, vers laquelle progressaient les divisions blindées de la Wehrmacht sans rencontrer d'autre résistance que sporadique, avait été déclarée ville ouverte[1]. Depuis la veille, nous voyions de notre balcon s'écouler le flot de notre armée vaincue. Nos soldats, dans leurs lourds uniformes, n'étaient plus qu'une troupe en désordre qui s'écoulait vers le sud de la ville, de l'autre côté de la Loire. De temps à autre passaient sur le côté de la route des unités britanniques. Elles marchaient en bon ordre, suivant des officiers rasés, aux uniformes impeccables, avançant au son d'une cornemuse. C'était une armée en retraite. Pas une troupe en déroute. Pour mon cœur d'enfant, nourri de livres d'histoire et d'images d'Épinal à la gloire de nos armées, ce fut une blessure ineffaçable.

---

1. Est déclarée ville ouverte celle qui est livrée sans combat à l'ennemi pour éviter les destructions et les victimes civiles.

La nuit qui suivit fut brève. La ville était tétanisée. Plongée dans le silence et l'obscurité, elle attendait l'aube et les vainqueurs. Charlotte nous avait interdit d'ouvrir la fenêtre et d'aller sur les balcons. Elle avait fermé les rideaux. C'était sa façon de refuser la terrible vérité : les Allemands étaient victorieux.

Dès que ma mère eut tourné les talons, je me précipitai à la fenêtre et j'écartai un peu les rideaux. Au-delà de l'angoisse ressentie, la curiosité était trop forte. Soudain, dans le silence, j'entendis un bruit de moteur. Ce n'était pas celui d'une voiture ou d'un camion, mais, plus discret, plus scandé aussi, le bruit d'un moteur de moto. Elle parut soudain, flanquée d'un *side-car*, une lourde mitrailleuse fixée sur le capot. Un soldat conduisait l'engin, l'autre, assis dans la caisse, avait la main sur la crosse de la mitrailleuse. Ils portaient des casques. Mais, détail pour moi surprenant, ils étaient bras nus, tuniques posées à l'arrière du véhicule, mitraillettes en travers de la poitrine. Tels quels, dans l'éclat de la jeunesse, avec leurs manches roulées et leurs cols ouverts, ils paraissaient plus des étudiants en vacances que des militaires en campagne. Rien à voir avec nos soldats harassés, marchant sous le soleil de plomb, que j'avais vus passer la veille... Dans la lumière du matin, ces Allemands incarnaient la guerre et la victoire.

Ils roulèrent doucement jusqu'à l'entrée du château. Je reculai, instinctivement, d'un pas vers l'intérieur. Puis je repris ma place derrière le rideau tant je voulais les voir. Tous deux discutaient, une carte déployée sur le capot du *side-car*, sans doute un plan de la ville. Soudain, l'un d'eux aperçut dans le fossé du château une biche broutant l'herbe, image de douceur et de paix. Il la désigna à l'autre de la main. Ils échangèrent quelques paroles, et j'entendis monter dans le silence un rire immense. Ce rire de vainqueur, je ne l'ai jamais oublié.

Chapitre VIII

L'Occupation

L'armistice signé, la défaite consommée, mon père et mon frère Claude revinrent à Nantes.

Ainsi dans les catastrophes y a-t-il des moments de répit. Je sautai de joie en retrouvant mon frère. Il m'entraîna dans la chambre pour me raconter leur aventure. Le voyage à Toulouse prenait des proportions épiques où se mêlaient, sur les routes encombrées, civils fuyant vers le Sud et convois militaires en quête d'un commandement disparu.

Mon père ne pensait qu'à regagner Paris au plus tôt. Il était fébrile en discutant avec ma mère de la situation, du nouveau régime de Vichy, des mesures annoncées contre les juifs. Son anxiété gagnait ma mère, qui avait rouvert son magasin de fourrures vide de toute cliente, comme si elle trouvait dans cette continuité une sorte de refuge.

Idiss s'était murée dans le silence. Son univers s'était effondré. Elle était hagarde, mais ne voulait pas ajouter le poids de sa peur à l'anxiété de Charlotte et de Simon. Elle restait assise, silencieuse, à tenter de tricoter. Mais la pelote de laine reposait sur ses genoux et les grandes aiguilles demeuraient immobiles dans ses mains ridées. Le malheur était là, tapi dans un futur lourd de menaces. Le soir venu, après la prière, elle tentait de se rendre utile, préparant un plat dans la grande cuisine ou dressant la table. Rien ne pouvait pourtant dissiper son angoisse. Son seul moment d'apaisement, c'était quand, dans l'après-midi ensoleillé, nous allions nous promener dans le jardin qui bordait le château. Elle s'asseyait sur un banc, toujours le même, et me disait : « Va jouer un peu avec tes amis. » Mais ils étaient loin, dispersés par la tempête de juin. Je lui répondais : « Grand-mère, je préfère rester avec toi. » Elle m'embrassait, avec un sourire. Puis elle fouillait dans son sac à la recherche d'un croissant que l'on trouvait encore dans la boulangerie proche de chez nous. Je lui disais : « Mais non, grand-mère, c'est pour toi. » Elle le partageait alors en deux. Et côte à côte nous mangions le croissant, comme une dernière douceur venue des temps révolus du bonheur.

*
*　*

Le fourreur qui avait loué sa boutique à ma mère pour la durée des hostilités était de retour. Il voulait reprendre les locaux le plus vite possible. Rien ne nous retenait plus à Nantes. Mon père réussit, après bien des démarches, à trouver des bons d'essence. Le transport du stock de fourrures entassées dans l'appartement se révéla difficile. Les camions étaient rares, les chauffeurs aussi. Enfin, mon père partit avec un retraité qui accepta, moyennant une rémunération exceptionnelle, de le conduire à Paris. Mon frère Claude s'en fut avec lui, car la rentrée approchait et le temps des études était sacré. Il me raconta plus tard leur périple, sur des routes portant encore la trace des bombardements aériens. L'armée allemande avait édifié des postes de garde et tous les véhicules étaient arrêtés, les papiers des passagers contrôlés, les marchandises et les bagages inspectés. Pour la première fois, les Français éprouvaient ce que signifiait l'ordre allemand.

En cette période initiale de l'Occupation, l'armée allemande avait reçu des consignes de politesse envers la population. Les officiers et les soldats jouaient la carte de la correction, voire de la courtoisie. Les civils français n'y étaient pas insensibles. Mon père était conscient du jeu. Il avait combattu pendant la Première Guerre mondiale sur le front russe où circulaient des témoignages sur le traitement brutal des populations civiles par les Allemands. Et surtout, il était juif. Encore ne pouvait-il mesurer à ce moment-là le sort qui l'attendait. Mais, à chaque fois qu'il présentait ses papiers d'identité où figurait son lieu de naissance, en Bessarabie, il voyait le visage de son interlocuteur se fermer, son regard le fixer plus intensément. Parfois, il lui posait une question en allemand. Mon père se gardait de répondre en faisant un signe d'incompréhension. L'autre, après un instant, lui rendait sa carte d'identité française et lui faisait signe de poursuivre sa route. Pour cette fois, pensait mon père en s'éloignant. Il fallait partir. Mais où ? Et comment ? Tout ce en quoi il avait cru, comme tous les hommes de sa génération, l'invincibilité de l'armée française, la supériorité de notre état-major, les institutions et les valeurs de la République, toutes ces certitudes qui structuraient sa vie gisaient à terre. La voix chevrotante du maréchal Pétain, la contrition des élites d'hier lui étaient insupportables. La passion xénophobe et le déferlement de l'antisémitisme, hier refoulés et à présent encouragés, lui faisaient horreur.

Dès le mois de juillet 1940, alors que la nation connaissait le pire désastre militaire de son histoire, que le pays tout entier n'était plus qu'un corps blessé, à quoi en effet se consacrait en priorité à Vichy l'entourage du maréchal Pétain, chef de l'État français ? À rédiger des lois contre les naturalisés, les immigrés et les juifs[1]. Ainsi mon père pouvait-il prendre dans les journaux de quelques feuillets autorisés à paraître la mesure de l'avenir qu'on nous préparait. C'était cela, ce visage de haine, que les zélateurs du nouveau régime déclaraient être celui de la France éternelle. Mon père avait le cœur lourd tandis qu'il roulait, dans le camion chargé de fourrures, vers Paris.

---

1. Cf. Annexe.

L'été 1940 s'acheva cependant sur un sentiment d'espérance. L'invasion de l'Angleterre n'avait pas eu lieu. La grande bataille aérienne au-dessus de Londres avait tourné à l'avantage de la Royal Air Force. L'appel du 18 juin du général de Gaulle, lancé à la radio anglaise, avait été entendu par peu d'auditeurs dans une France ravagée par la débâcle. Mais de bouche à oreille et par les premiers tracts, le message avait été connu. Tant que l'Angleterre continuait la lutte, tout n'était pas perdu. De retour à Paris, chez nous, je rapportais à Idiss les rumeurs qui circulaient sur l'échec d'un débarquement allemand sur les côtes anglaises ou sur des bombardements de Berlin... Idiss souriait, moins à ces propos qu'à mon enthousiasme. Elle était heureuse de ma joie, mais ne la partageait pas. En vérité, elle était désespérée.

Au lycée, en apparence, rien n'avait changé. Seule la photo du Maréchal s'étalait au-dessus du tableau noir. Les couloirs et les escaliers résonnaient des mêmes galopades qu'autrefois. Quelques professeurs étaient absents, prisonniers de guerre en Allemagne ou juifs qui n'avaient plus le droit d'enseigner à des enfants français. Les salles de classe n'étaient pas chauffées. Assis sur nos bancs, nous gardions pardessus et cache-nez. Mais les rythmes et les rites scolaires, le contenu des études étaient demeurés en place. Les rapports entre élèves, eux non plus n'avaient guère varié. Sans doute, les propos ou les insultes antisémites ou xénophobes étaient plus fréquents. Mais pour l'essentiel, l'école républicaine et ses principes, notamment la laïcité, régissaient toujours les comportements des enseignants et de l'administration.

En cette rentrée de 1940, conformément à l'idéologie du régime de Vichy, chaque classe avait désigné un « chef de classe », dont les pouvoirs demeuraient obscurs, sauf celui de représenter les élèves auprès de l'administration. Je fus choisi par les copains, peut-être à cause de ma propension à prendre la parole à tout propos et souvent hors de propos. Je rentrai fier comme un petit coq à la maison et m'empressai de faire part de la nouvelle à mes parents. À ma surprise, mon père parut consterné. Après avoir échangé quelques paroles en russe avec ma mère, il me prit à part et m'expliqua que nous, juifs, devions à présent éviter de nous mettre en avant. Je renonçai donc à cette nomination. Mon père écrivit une lettre de remerciements et de regrets que je remis à mon professeur. Celui-ci la lut, la posa sur la table et me dit simplement : « Tu remercieras ton père. » Ce fut tout.

Le soir, mon père me prit à part et m'expliqua que les choses avaient changé pour les juifs, qu'il fallait attendre la fin de la guerre et que tout alors redeviendrait comme avant « et même mieux ». Maman et Idiss regardaient la scène. Idiss m'embrassa de toutes ses forces en demandant en yiddish à l'Éternel de me protéger. Les prières des grands-mères ont parfois des pouvoirs que l'on ne mesure pas.

De ce premier hiver de l'Occupation à Paris, en 1940-1941, c'est d'abord une impression de froid qui me revient. La destruction des voies ferrées avait paralysé la circulation du charbon dans toute la France. Les réquisitions allemandes avaient achevé cette disparition. Par moments, dans Paris occupé, des marchands de charbon mettaient en vente quelques sacs en toile contenant des boulets noirs. Une queue se formait aussitôt devant le magasin. Après quelques heures de piétinement, les clients les plus résistants emportaient quelques kilos de charbon. Ma mère, prévenue par la concierge, m'envoyait prendre place dans la file. Mon frère me remplaçait bientôt. Les clients étaient plus résignés que révoltés. De temps à autre, quelques protestations s'élevaient contre un tricheur qui tentait de gagner quelques places. Puis l'apathie revenait. Parfois, une âme compatissante cédait sa place à une vieille dame. Les rumeurs circulaient, surtout quand elles annonçaient quelques déboires militaires allemands. Le gouvernement et l'administration étaient vilipendés. Mais jamais je n'entendis mettre en cause les juifs, comme affameurs du peuple ou profiteurs de sa misère. Non que l'antisémitisme ait disparu. Il s'étalait sur les murs en affiches insultantes ou vociférait à la radio : « Les juifs sont les rats de l'humanité. » Avec mon frère, nous ricanions plus de ce slogan qu'il ne nous affectait.

Toutefois, l'antisémitisme populaire ne progressait pas. Les nouvelles mesures étaient plutôt accueillies dans l'indifférence, car elles apparaissaient comme un produit de la défaite et de l'occupation nazie que les Français, en grande majorité, détestaient.

Idiss, comme toutes les vieilles personnes, souffrait cruellement du froid. Elle le ressentait plus que les restrictions alimentaires, la disparition du café et du thé ou la raréfaction du sucre et de la farine, qui interdisait la fabrication des pâtisseries. Les produits exotiques ou venus de l'étranger avaient eux aussi quitté les étalages. Tous les aliments de base, pommes de terre, féculents ou farineux, étaient sévèrement rationnés. Quant au beurre, au lait et aux œufs, ils étaient parcimonieusement contingentés. Les « cartes d'alimentation » individuelles, sur lesquelles figuraient des « tickets » de viande ou de charcuterie, ne permettaient d'acheter que des portions insuffisantes. Des ressources complémentaires provenaient de parents ou d'amis vivant à la campagne ou du marché noir aux multiples débouchés – arrière-boutiques ou loges des concierges. Dans la cour de récréation circulaient des bonbons hors rationnement ou des biscuits desséchés. À ces petits trafics, nul ne trouvait à redire. La morale était en berne.

On ne pouvait échapper au froid en ce dur hiver 1940-1941. Dès la mi-décembre, l'eau gela dans les tuyaux. Dans les immeubles, le chauffage central était coupé. Les familles se regroupaient dans une seule pièce où était installé un poêle en fonte, alimenté chichement en bois de chauffage ou en charbon. Chez nous, la chambre d'Idiss était dépourvue de tout moyen de chauffage hormis un petit arc électrique. Ainsi Idiss ne quittait plus la salle à manger, seule pièce chauffée. Encore grelottait-elle, en dépit du manteau de fourrure dont mon père lui avait naguère fait présent.

Pendant cet hiver, Idiss dut s'aliter à plusieurs reprises. Elle se plaignait de brûlures à l'estomac. Nous la voyions amaigrie, le visage émacié. Le médecin de famille vint l'examiner longuement. Il ordonna quelques médicaments et la prise d'une radiographie. Malgré les réticences d'Idiss à ces investigations dont elle redoutait les conclusions, elle se rendit à l'hôpital. Elle nous embrassa longuement, mon frère et moi, un peu bousculée par ma mère qui craignait qu'Idiss ne cédât à l'angoisse du diagnostic. Il ne tarda pas : Idiss souffrait d'un cancer de l'estomac. Le même mal avait emporté Schulim, son mari, vingt ans plus tôt. Charlotte affronta ce qui était pour elle une tragédie. Elle refusa tout abandon, toute concession au désespoir. Elle afficha une confiance inébranlable dans le traitement imposé. Elle s'opposa de toutes ses forces à ce qu'Idiss s'abandonnât à la tentation de renoncer à lutter et d'accepter l'inévitable. Instinctivement, elle communiquait à sa mère sa volonté de repousser la mort.

Idiss, qui connaissait bien sa fille, signifiait par son sourire qu'elle la comprenait et ferait face à la maladie. Mais elle percevait la vérité. Elle savait qu'elle glissait vers sa fin, sur cette terre devenue si hostile et qui se refermerait bientôt sur elle. Elle priait l'Éternel ainsi qu'elle l'avait appris dans son enfance. Nous savions qu'elle priait d'abord pour nous et se souciait plus de nos vies que de la sienne, qui parvenait à son terme. Elle implorait Dieu de nous protéger dans les terribles épreuves qui s'annonçaient pour les juifs.

Il n'y avait qu'un poste de radio dans l'appartement. Mon père écoutait Radio Paris qui déversait sur la France occupée des flots de propagande antisémite. Si Idiss ne comprenait pas tout, au moins percevait-elle la haine qui donnait à ces propos une tonalité toujours menaçante. Nous les édulcorions de notre mieux. Mais rien ne pouvait apaiser ses craintes. J'avais le cœur gros de la voir ainsi, les yeux enfoncés dans son visage amaigri par la maladie.

Depuis son retour à Paris, Idiss ne sortait presque plus. Moins parce que son mal lui interdisait les promenades que parce que la peur, cette pathologie secrète des enfants des ghettos, s'était réveillée en elle. La vue des uniformes vert-de-gris des soldats allemands lui était insupportable. Leur défilé dans les avenues aux chaussées vides, en chantant des airs martiaux, faisait monter en elle une angoisse qui la contraignait à s'asseoir sur le banc le plus proche. Si encline jadis à lier conversation avec des inconnus au jardin public, elle se refusait à présent à tout contact avec des anonymes. Elle se sentait perdue dans un monde où tout lui paraissait hostile. Si elle cédait aux injonctions de Charlotte, c'était accompagnée qu'elle acceptait de sortir. Bien vite, elle se déclarait fatiguée et demandait à rentrer.

De surcroît, en cet hiver rigoureux, le froid était vif dans les rues balayées par le vent. Dès la tombée de la nuit, l'obscurité régnait sur la ville. Les lampadaires publics n'étaient plus allumés, les rideaux de fer étaient baissés sur les vitrines, les fenêtres des logements obscurcies par les rideaux. Paris, jadis Ville lumière, n'était plus que ténèbres et périls. Car ni lanternes ni ampoules ne signalaient les travaux en cours ou les trous dans les trottoirs, et le danger d'une chute était grand, surtout pour les personnes âgées.

Pour les juifs, le spectacle de la rue était plus cruel encore. Tout était mis en œuvre pour rappeler leur indignité. Les commerçants juifs étaient tenus d'apposer sur leurs vitrines une affiche jaune mentionnant leur qualité de juif. La clientèle se montrait d'ailleurs insensible à cette annonce et les boutiques « juives » n'étaient pas moins fréquentées[1]. Certains Israélites apposaient sur leur devanture une notice énonçant leurs états de service pendant la guerre de 1914-1918 ou celle de 1940. D'autres mentionnaient la condition de prisonnier de leurs fils. Ces informations laissaient aussi indifférents les clients que la révélation du judaïsme du commerçant. Seuls importaient la qualité des produits et leur coût. Mais, pour les juifs parisiens, cette stigmatisation des magasins annonçait le port obligatoire de l'étoile jaune marquée « Juif ».

---

1. Jacques Biélinky, *Journal 1940-1942. Un journaliste juif a Paris sous l'Occupation*, préface de Renée Poznanski, Paris, Cerf, 1992, p. 64 et 70.

La vue de ces affiches nous était odieuse. Idiss s'en fit expliquer le texte par mon frère au cours d'une de ses rares promenades. Son fils cadet, Naftoul, qui habitait rue Vieille-du-Temple, venait souvent la voir chez nous. Il décrivait leur floraison dans le quartier du Marais. Elle hochait la tête et murmurait quelques mots en yiddish, à voix sourde. C'était pour tous deux le prélude aux grands malheurs à venir. J'écoutais leurs voix alternées, comme une complainte, dont je percevais la mélancolie plus que le sens des mots. Puis le silence s'établissait entre la mère et le fils.

*
* *

J'allais avoir treize ans, l'âge de la bar-mitsva. Certaines synagogues fonctionnaient encore, comme si la persistance de la pratique religieuse témoignait de la volonté des juifs de ne pas céder au désespoir. Mais les célébrations du culte se faisaient dans la plus grande discrétion. C'était comme des ombres dans la nuit que les fidèles gagnaient les synagogues désertées.

Mon père, profondément laïc, et pratiquant plus par tradition que par conviction, avait consulté un rabbin pour connaître son opinion sur la nécessité de la bar-mitsva en ces temps d'épreuves. Le rabbin, un vieil ashkénaze polonais, lui avait répondu : « Que ton fils dise les prières à la synagogue ou à la maison, elles monteront jusqu'à Dieu. À toi de choisir. » Après discussion avec ma mère, mon père exclut donc toute célébration dans une synagogue à Paris[1]. C'est ainsi que je n'ai jamais célébré ma bar-mitsva.

En cette année 1941, bien d'autres soucis ravageaient les cœurs juifs à Paris. Les mesures antisémites se succédaient, tantôt décidées par les autorités d'occupation, tantôt décrétées par le gouvernement de Vichy[2]. Les interdictions, les confiscations et les contributions forcées accablaient les juifs. La propagande antisémite se déversait sur les ondes et s'étalait sur les pages des journaux collaborationnistes. Les affiches de l'exposition « Le Juif et la France » au Palais Berlitz[3] couvraient les murs. On y voyait un juif identifiable à son nez crochu, sa lippe ricanante et ses gros doigts prédateurs enserrant le globe terrestre. En dépit de l'interdiction de notre mère, mon frère et moi nous y rendîmes en septembre 1941.

---

1. Dans la nuit du 2 au 3 octobre 1941, plusieurs synagogues parisiennes (dont celles de la rue des Tournelles, de la rue Notre-Dame-de-Nazareth, de la rue de la Victoire, de la rue Sainte-Isaure et de la rue Copernic) furent ravagées par l'explosion d'engins placés devant leur porte. Ces attentats furent commis par des fascistes parisiens agissant à l'instigation de la Gestapo.

2. Cf. Annexe.

3. Exposition organisée par l'Institut d'étude des questions juives, organisme créé en mai 1941 sous le contrôle direct de la Gestapo. Environ 200 000 visiteurs se sont rendus au Palais Berlitz, boulevard des Italiens, pour la visiter entre le 5 septembre 1941 et le 5 janvier 1942.

Ce que nous vîmes nous fit rire, mais, par prudence, après notre sortie de l'exposition. À l'époque, jeunes adolescents juifs dans Paris occupé, le rire était notre meilleure défense contre cette campagne de haine qui s'étalait partout. Quels en étaient les effets dans le lycée parisien dont j'étais l'élève ? Je n'ai pas gardé le souvenir que l'antisémitisme d'État y ait changé les comportements individuels. Il y avait toujours eu des élèves antisémites au lycée. Mais leur nombre ne paraissait guère avoir augmenté, ni leurs propos être plus injurieux.

En revanche, dans la population, la détestation des Allemands allait croissant. On leur imputait tous les maux quotidiens qui accablaient les Parisiens : la pénurie de charbon qui rendait le froid plus intense dans les appartements et les locaux publics, les difficultés de ravitaillement qui engendraient des files d'attente devant les magasins d'alimentation presque vides, le développement du marché noir, dont les prix ne cessaient de s'envoler. Jamais la différence de condition entre riches et pauvres, entre profiteurs de l'Occupation et trafiquants d'un côté, salariés ou retraités de l'autre, n'avait été si grande. Quant aux juifs, ces parias du régime, la masse des Parisiens ne leur attribuait pas, comme le voulait la propagande officielle, les privations quotidiennes, pour eux encore aggravées. On distinguait dans les conversations, dans les queues ou le métro, les juifs pauvres, dont on plaignait la misère et les persécutions, et les juifs riches, qu'on décrivait menant grand train sur la Côte d'Azur, à l'abri des nazis[1]. Désormais encouragée, la détestation des juifs, qui avait si fortement imprégné avant-guerre l'extrême droite française, pouvait s'exprimer sans frein.

Pour Idiss, la vie quotidienne dans l'appartement glacial n'était plus que privation et souffrances. Le ravitaillement devenait plus difficile et plus parcimonieux à mesure que l'hiver avançait. Le bouillon de légumes, servi brûlant lui était un réconfort. Elle me faisait signe, dès que Charlotte quittait la pièce, pour que je vienne près d'elle et m'intimait d'en goûter une cuillère, je refusais en lui disant que je n'avais pas faim. Je la regardais porter à ses lèvres le liquide fumant. À peine avait-elle fini que je prenais le bol de ses mains un peu tremblantes pour le poser sur l'étagère. Elle fermait les paupières. Je voyais sa tête s'incliner. Elle s'endormait. Je la contemplais, pauvre corps blotti sous les couvertures. La maladie qui poursuivait son travail de sape donnait à son visage une tonalité ivoire. De temps à autre, elle remuait la tête. Quel souvenir des temps heureux ramenait sur son visage ridé l'ombre d'un sourire ? Parfois, je lui caressais furtivement la main. J'avais le cœur gros. Je me rasseyais devant la table de la salle à manger

---

1. Sur les événements tels qu'ils étaient vécus au quotidien par les juifs, cf. Jacques Biélinky, *op. cit.*, p. 129 et 147. Voir également Léo Hamon, « Étude sur la situation des Juifs en zone occupée, avril 1941 », publiée dans les *Cahiers d'histoire du temps présent*, n° 22, décembre 1992.

et reprenais mes cahiers. Je savais par ma mère quel amour Idiss nous portait, à mon frère et moi, et les rêves qu'elle nourrissait pour notre avenir, qu'elle voyait toujours brillant. Je refusais de céder au chagrin et retournais à mes devoirs. L'éducation reçue de Charlotte m'interdisait de faiblir.

Malgré la venue du printemps, Idiss ne sortait plus guère. Nous poussions à côté de la fenêtre son grand fauteuil, de style Louis XVI mais fabriqué chez un artisan du faubourg Saint-Antoine. Elle regardait à travers la fenêtre le spectacle de la rue en contrebas. C'était l'époque où la Wehrmacht triomphait sur tous les fronts, en Grèce, en Yougoslavie et en Libye où elle avait volé au secours de ses alliés italiens. Il n'était plus question pour Idiss d'aller au cinéma. Mon frère et moi nous rendions sans elle désormais aux séances du jeudi après-midi, avec quelques copains de classe. Il régnait dans la salle un silence absolu devant les images triomphantes des actualités nazies sur l'écran. Suivaient quelques fragments des actualités françaises, consacrées à entretenir la gloire du maréchal Pétain. On le voyait acclamé par les populations lors de ses tournées dans les villes de la zone « libre », où s'exerçait encore son dérisoire pouvoir. Je mesurerais dans les mois suivants à Lyon jusqu'où pouvait aller le culte de ce vieillard dans son uniforme étoilé, la médaille militaire épinglée sur sa tunique, incarnation d'un passé glorieux et d'un présent déshonorant.

Mon père Simon avait changé. Ses certitudes, les piliers sur lesquels était fondée sa vie, s'étaient effondrés. La débâcle de juin 1940, les troupes françaises en déroute mêlées aux civils fuyant l'invasion, avaient ébranlé sa fierté d'être devenu un citoyen de la « Grande Nation » dont il connaissait si bien l'histoire. La disparition de la République à Vichy avait suscité en lui chagrin et angoisse. Que les Français rejettent la République était pour ce citoyen d'adoption plus qu'un changement de régime : une trahison de son idéal.

À notre retour à Paris, en septembre 1940, il s'était rendu au commissariat de police du quartier pour se faire inscrire, ainsi que tous les membres de la famille, y compris Idiss, sur le registre spécial qui allait devenir le « fichier juif » de la préfecture de police. La mention « Juif » fut apposée sur nos cartes d'identité et d'alimentation. Cette disposition entraînait inévitablement l'identification des clients juifs par les commerçants, qui en faisaient parfois part à leur clientèle.

Pour mon père, la mesure la plus cruellement ressentie fut la nomination d'un administrateur provisoire chargé d'assurer l'« aryanisation » de son commerce de fourrure. De cette affaire, mon père tirait une juste fierté. Parti de rien, à force de travail et assisté par Charlotte, il avait mené cette entreprise à la prospérité. C'était son plaisir d'en montrer les stocks à ses fils. Mais à l'automne 1940, il dut donner les clefs à un personnage étranger à ce négoce, pour qu'il liquidât son fonds. L'argent de cette opération fut versé sur un compte bloqué dont il n'était autorisé à prélever qu'un faible revenu pour les besoins de sa famille. Il était dépouillé des fruits de son passé et privé des moyens d'assurer notre avenir. Le gouvernement de Vichy faisait de lui un Français de second ordre, en attendant de le transformer en apatride voué au camp d'internement si sa naturalisation lui était retirée sur proposition de la Commission de dénaturalisation créée dès juillet 1940. Cette menace-là, Simon l'ignorait encore. Mais ce qu'il ressentait, c'était que le gouvernement de cette France qu'il avait tant aimée le rejetait comme une marâtre haineuse. Cet abandon, cette trahison, l'accablait secrètement. Il avait beau s'efforcer de l'imputer aux seuls nazis, il n'était plus, avec sa famille, qu'un juif au sein d'un État français plus antisémite dans ses lois que la Russie tsariste de son enfance.

Souvent, je me suis interrogé : que pensait-il lorsque, à Drancy, en mars 1943, il montait dans le train qui le conduirait au camp d'extermination de Sobibor, en Pologne ? Arrêté à Lyon par Klaus Barbie, et déporté sur son ordre, c'était aux nazis qu'il devait sa fin atroce, à quarante-huit ans. Mais au camp de Pithiviers ou de Drancy, qui le gardait, sinon des gardes mobiles français ? Tel que je l'ai connu, aimant si profondément la France, a-t-il jusqu'au bout conservé sa foi en elle ? On ne fait pas parler les morts. Mais cette question-là, si cruelle, n'a jamais cessé de me hanter.

En cet hiver 1941, la neige était tombée en abondance, rendant la chaussée glissante. Il était impossible pour Idiss de s'y hasarder. De surcroît, la maladie la rongeait, même si elle ne s'en plaignait jamais. Parfois, on la voyait sursauter, son visage se crispait. Puis la douleur diminuait et finissait par disparaître. Mais ce n'était que rémission d'un moment. Le docteur Parmentier, le médecin de famille, passait régulièrement la voir. Comme la seule pièce chauffée était la salle à manger où l'on avait installé son grand fauteuil de velours bleu, il l'auscultait là. Nous nous éclipsions, mon frère et moi. Ma mère ne quittait pas les lieux, s'écartant seulement de quelques pas. L'examen terminé, il prolongeait un peu sa visite, sachant que sa présence était un réconfort pour Idiss. Le docteur et sa femme étaient plongés dans l'angoisse. Leur fils aîné avait été fait prisonnier et, à la suite d'une tentative d'évasion, avait été placé en camp disciplinaire en Prusse. Aussi ma mère le réconfortait de paroles d'espérance, tout comme lui s'efforçait d'adoucir son chagrin en évoquant des rémissions toujours possibles. Mais il ne prononçait pas le mot de « guérison ». Il remplissait une longue ordonnance de médicaments, pour la plupart introuvables. Il évoquait la venue du printemps, sa douceur, qui apaiserait peut-être la maladie. Pour projeter Charlotte vers l'avenir, il feignait de s'intéresser à nos études, aux bonnes notes de mon frère. Et il nous quittait, laissant derrière lui un message d'amitié, plus précieux que les remèdes qu'il prescrivait.

Au-dehors, les mauvaises nouvelles se succédaient. La machine à éliminer les juifs, d'abord du fonctionnement de l'État, puis de la vie économique, enfin en les internant dans des camps, est connue aujourd'hui. Mais à l'époque, les victimes, les juifs eux-mêmes, ne pouvaient la concevoir. Comme le disait un jeune avocat promis à un bel avenir professionnel, Léon-Maurice Nordmann : « Entre la France et les juifs, c'est une histoire d'amour qui a mal tourné[1]. »

*
* *

1. Léon-Maurice Nordmann, membre du réseau de résistance du musée de l'Homme, fut arrêté en 1941 par les Allemands, condamné à mort par une cour martiale et fusillé au mont Valérien le 23 février 1942 (cf. Lucienne Scheid, « Notice sur Léon-Maurice Nordmann », *Bulletin de l'Association amicale des secrétaires et anciens secrétaires de la conférence des avocats*, Annuaire du Palais, 1995, p. 185).

Mon père supportait mal l'atmosphère d'angoisse qui imprégnait la vie quotidienne des juifs à Paris. Les affiches annonçant l'exécution d'otages, dont certains étaient des juifs, lui étaient odieuses. Dans les cafés du faubourg Montmartre où il se réfugiait pour fuir l'entreprise qu'il avait créée et où il n'était plus que toléré, il rencontrait d'autres juifs, eux aussi exclus de leurs affaires. Le temps des grandes rafles n'était pas encore arrivé. Mais les rumeurs d'arrestations circulaient dans ces quartiers où les juifs étaient nombreux. L'un tenait ses informations d'un commissaire de police, l'autre d'un employé de la préfecture qui aurait vu des listes préparées à partir du « fichier juif ». Les départs vers la zone « libre », comme on la dénommait, se multipliaient. Encore fallait-il connaître une filière sûre et disposer des ressources nécessaires. Car les passeurs étaient chers et certains dépouillaient ceux qu'ils convoyaient.

Le soir venu, mon père rapportait ces propos à ma mère. Idiss, dans son grand fauteuil bleu, écoutait. Mon père affectait de refuser tout crédit à ces rumeurs. Mais pour Idiss, ces récits étaient autant de présages de la catastrophe qui menaçait les siens. Mon frère et moi percevions l'incertitude de notre père sur le parti à prendre. Charlotte refusait de céder à l'anxiété. Elle demeurait, au moins en apparence, égale à elle-même et préoccupée de faire face aux soucis quotidiens. Mon frère et moi, au retour du lycée, allions comme les voisins faire la queue devant des boutiques plus remplies de clients que de denrées.

Mais au-delà des difficultés partagées par la grande majorité des Parisiens, demeurait l'angoisse particulière aux juifs. Comment échapper au filet dont nous voyions se resserrer les mailles ? Comment fuir ? Où aller ? Quel abri gagner ? Le soir, après avoir écouté les nouvelles à la BBC qui, à ce moment de la guerre, n'étaient guère encourageantes, mon père ressassait la même obsession du départ. Tout paraissait impossible, hormis le passage clandestin en zone « libre », que beaucoup de juifs empruntaient. Mais ma mère ne pouvait se résigner à laisser sa mère malade à Paris, sans elle. C'eût été un abandon, une désertion. En même temps, elle mesurait l'anxiété grandissante de mon père. Français depuis 1928, il croyait encore que le maréchal Pétain protégerait les nationaux français, même juifs, même naturalisés. Mais il redoutait que l'emprise toujours plus forte des Allemands ne conduise le gouvernement de Vichy à se plier à toutes les exigences des nazis. Tout l'incitait à gagner la zone « libre » avec nous. Or comment obtenir de Charlotte qu'elle laissât Idiss, intransportable en son état, dans Paris occupé ?

*

*   *

Pour Idiss, telle qu'elle était à cette époque, la douleur de vivre allait croissant. En apparence, l'ordre quotidien de sa vie n'avait pas changé. C'était la même chambre donnant sur la même grande cour paisible où elle se reposait l'après-midi. C'était la même salle à manger où se retrouvaient autour de la table sa fille, son gendre et ses petits-enfants. C'était la même Bretonne au cœur chaleureux qui veillait sur elle. Mais en réalité, tout était angoisse et menaces. De la rue montait l'écho des bottes des soldats allemands marchant au pas cadencé vers le terrain d'entraînement. Des chants guerriers étaient repris en chœur par ces hommes armés, casqués, symboles de la puissance du Reich nazi qui, pour les Français, signifiait la servitude et, pour les juifs, la mort.

Sans doute était-ce cette présence permanente du Mal qui interdisait toute amélioration dans la lutte que son vieux corps menait contre le cancer. Elle guettait dans les conversations autour de la table familiale les informations sur la condition toujours plus cruelle à laquelle les juifs étaient réduits. Les exécutions, les arrestations et les internements se multipliaient, surtout de juifs étrangers apatrides. En écoutant ces nouvelles, parfois tragiques, le visage d'Idiss se creusait encore. Parfois, elle se détournait pour essuyer ses larmes. Ma mère nous faisait signe de changer de sujet, en racontant quelque épisode de la vie au lycée. Au-dehors s'inscrivait sur les murs le slogan « Mort aux juifs ! ».

Pour faire diversion, mon frère et moi rapportions à Idiss les échos et les résultats de notre vie scolaire, plus marquée par la continuité de l'institution que par le changement de régime. Les programmes étaient restés pour l'essentiel les mêmes, les manuels aussi. Ainsi demeurait en usage le classique manuel d'histoire, le « Malet-Isaac ».

Pour les élèves qui, comme moi, avaient choisi la filière A, le latin demeurait une matière reine, plus propice à l'enseignement de l'ordre antique que de l'ordre nouveau. Et la culture de nos professeurs relevait plus des auteurs républicains que de Charles Maurras.

Il m'arrive aujourd'hui d'interroger des amis juifs de ma génération sur leurs souvenirs de lycée sous l'Occupation. La grande majorité d'entre eux répondent, après réflexion, que s'il y avait au lycée des élèves antisémites et, de temps à autre, des altercations ou bagarres dans la cour, elles n'étaient guère plus nombreuses qu'avant la guerre.

Du côté des professeurs, la réserve était la règle. Sans doute devait-il y avoir parmi eux des partisans du nouveau régime. Mais au cœur de l'enseignement public demeurait inscrit le principe de laïcité. Faire état de la religion d'un élève, fût-il juif, était un manquement à la tradition laïque qui, pour la plupart des enseignants, avait fait la grandeur de l'école publique.

Un point demeure cependant obscur pour moi. La tradition des prix, des accessits qui jalonnaient les parcours scolaires du temps de la République, s'était maintenue sous Vichy. Or, récemment, un condisciple de cette époque me fit parvenir le texte imprimé d'un palmarès où figurait en bonne place pour l'année scolaire 1940-1941 le nom de mon frère. Je fus stupéfait : un élève juif distingué par les autorités d'un lycée parisien pendant le régime de Vichy ? Je voulus en avoir le cœur net et appelai le proviseur du lycée. Il me dit courtoisement que les archives du lycée de cette époque étaient inaccessibles. Je renonçai à éclairer ce singulier épisode. Au moins illustre-t-il la continuité des usages dans les lycées parisiens en pleine occupation nazie.

Pour nos parents, l'heure n'était pas à la nostalgie des temps heureux. Il fallait prendre des mesures lourdes de conséquences. Mon père s'était enfin décidé à passer en zone « libre » et à quitter Paris où ne le retenaient que les habitudes du passé et l'angoisse de Charlotte à la pensée de quitter sa mère malade. Que deviendrait Idiss sans elle et la présence de ses petits-enfants ? Qui veillerait sur elle et l'entourerait de cet amour sans lequel les vieillards n'ont plus que la perspective de la mort prochaine ? Mais que pesait le désespoir d'une vieille femme au regard du risque de l'arrestation des siens ? Dans le dilemme où ma mère se débattait, la réponse fut donnée par son frère Naftoul. Il proposa à Charlotte, si nous partions en zone « libre », de s'installer dans notre appartement à Paris pour veiller sur Idiss. Charlotte l'embrassa, le remercia. Mais rien, même le dévouement de Naftoul, ne pouvait calmer en elle son anxiété filiale. « J'aurai laissé ma mère mourir sans moi. » Cette pensée tournait à l'obsession. Mon père demeurait silencieux parce qu'il ne se reconnaissait pas le droit d'imposer à sa femme une séparation qui lui faisait horreur. Les jours passaient. Ce furent les Allemands et leurs auxiliaires de la police française qui forcèrent la décision.

L e 14 mai 1941, plus de six mille juifs étrangers, notamment polonais et tchécoslovaques, furent convoqués à la demande des autorités d'occupation par la préfecture de police[1]. Ils devaient être accompagnés d'un parent ou d'un ami. Les accompagnateurs furent envoyés au domicile des retenus, avec ordre de rapporter leurs effets personnels dans un délai de trois quarts d'heure. Les juifs arrêtés furent ensuite internés dans les camps de Beaune-la-Rolande et Pithiviers, gardés par les gendarmes français dans des conditions indignes. Leurs familles demeurèrent sans ressources autres que de maigres subsides versés par les organisations juives. C'était l'annonce des

---

1. La rafle du 14 mai 1941 est la première arrestation massive de juifs en France organisée par les autorités allemandes en zone occupée, avec le concours de la préfecture de police. Plus de 6 000 juifs polonais, tchécoslovaques et autrichiens furent convoqués par un « billet vert » remis la veille à leur domicile par des agents de la police française. Près de 4 000 se présentèrent. Ils furent aussitôt arrêtés.

grandes rafles à venir. La population juive étrangère de Paris fut plongée dans la terreur. Les juifs naturalisés français découvrirent l'abîme qui s'ouvrait devant eux.

Mon père mesura le péril. Ma mère le pressa de partir sans délai. Elle lui promit de le rejoindre très vite avec mon frère et moi, à Lyon. Il se garda de tout adieu à Idiss. Charlotte lui avait demandé d'épargner à la vieille femme le choc de le voir partir, lui, le seul homme de la maison dans la force de l'âge. Savoir Simon présent aux côtés de Charlotte, veillant sur les garçons, était pour Idiss un réconfort. Et voici qu'il nous quittait, nous privant de la force et du courage qu'Idiss, par tradition, prêtait aux hommes. Lorsqu'il vint ce soir-là lui dire bonsoir dans sa chambre de malade, elle le regarda intensément. Simon comprit qu'Idiss avait tout deviné en entendant ses conversations en russe avec Charlotte. Elle prit sa main d'homme et la serra de toutes ses forces. Simon se pencha pour l'embrasser, pour la dernière fois, pensa-t-il.

Très tôt, le lendemain matin, ma mère nous réveilla, mon frère et moi. La valise de notre père était posée dans l'entrée. Il nous dit qu'il partait, que tout était préparé pour son passage de la ligne de démarcation. Bientôt, nous le rejoindrions avec notre mère. Il nous recommanda de ne parler à quiconque de son départ, ni du nôtre à venir. Nous étions figés sur place. Puis il nous dit que, dorénavant, nous étions les hommes de la maison, qu'il fallait veiller sur maman, faire tout ce qu'elle nous prescrirait, et surtout être prudents, ne pas attirer l'attention sur nous. « Être comme les autres », disait-il. Il se tut un instant. Je voyais sur son visage qu'il s'efforçait de maîtriser le chagrin qui l'envahissait. Il ajouta seulement : « Je compte sur vous, mes fils chéris. Bientôt, nous nous retrouverons ensemble. » L'émotion m'emporta. Je me jetai dans ses bras sans dire un mot. Mon frère aussi. Je sanglotais en dépit de mes efforts. Il nous étreignit, nous embrassa. Puis, prenant sa valise, il franchit la porte. Nous le vîmes partir, mon frère et moi, sans se retourner. Nous ne doutions pas de ses propos. C'était une épreuve temporaire. Et comme l'avait dit papa, nous étions des « hommes ». Ce n'était pas le moment de mollir.

S imon parti, Naftoul vint habiter chez nous. Il connaissait la gravité du mal qui rongeait Idiss et mesurait le poids des responsabilités qui accablaient Charlotte avec ses deux fils adolescents dans Paris occupé, où circulaient, vraies ou fausses, les annonces d'arrestations ou de rafles de juifs. Ma mère se rendait une fois par semaine au magasin de mon père pour y recevoir des mains de l'administrateur aryen quelques fonds qui provenaient de sa spoliation. Il les lui remettait comme si c'était un geste généreux de sa part. Ainsi devait-elle remercier celui qui la dépouillait en lui répétant : « Vous avez de la chance de m'avoir. Moi, j'ai toujours aimé les juifs, parce qu'ils sont travailleurs. »

Seuls importaient à présent à Charlotte l'état d'Idiss et les nouvelles de Simon. Elle attendait tous les jours les cartes émises par la Poste pour faciliter la correspondance entre les deux zones. Les réponses y étaient pré-imprimées. Il suffisait par exemple de cocher la case « Je me porte bien ». Tout développement risquait d'entraîner un refus de transmission. Charlotte cependant les lisait avec la même intensité que les lettres qu'elle recevait de Simon au temps de leurs jeunes amours. Je la voyais le soir les serrer dans un portefeuille qu'elle plaçait dans le tiroir de sa table de nuit, près du lit conjugal où elle dormait seule désormais.

La présence de Naftoul lui était un réconfort plus qu'une charge, même en ces temps de pénurie. Elle aimait l'entendre évoquer les temps heureux de jadis et annoncer le retour de ce bonheur évanoui, après la fin de la guerre, la défaite de l'Allemagne et la mort de Hitler. Ces perspectives, qu'il évoquait d'une voix calme, étaient pour ma mère un moment de répit dans ses angoisses.

Les contrôles à la sortie des métros et dans les rues étaient fréquents. Ceux dont les cartes d'identité portaient le tampon « Juif » étaient emmenés au commissariat et souvent envoyés dans les camps d'internement : Drancy, Pithiviers ou Beaune-la-Rolande, dont les noms faisaient frémir, si cruel était leur régime.

Aussi, Naftoul se hâtait de regagner notre appartement. Nous dînions frugalement. Idiss, quand elle n'était point trop fatiguée, venait s'asseoir dans le grand fauteuil bleu. Conformément à la volonté de notre père, même en son absence, c'était en un français souvent incertain que Naftoul s'adressait à nous.

Ainsi Simon demeurait-il présent parmi nous grâce à la langue de Voltaire et de Hugo qu'il affectionnait tant. Le repas expédié, Idiss reconduite à sa chambre, nous restions dans la salle à manger où nous faisions nos devoirs sur la grande table desservie. Mais ces moments, si paisibles en apparence, n'étaient pas un répit pour Charlotte. Elle poursuivait à l'écart sa conversation avec Naftoul en yiddish, que nous n'étions pas censés connaître. Mais Claude le maîtrisait et moi-même, avec son aide, le comprenais. Soir après soir, nous pouvions suivre la discussion entre le frère et la sœur, toujours reprise, jamais tranchée : partir sans délai à Lyon retrouver Simon, qui dépêchait des messages toujours plus pressants, ou demeurer encore auprès d'Idiss dont le docteur laissait entendre la fin prochaine ?

Naftoul pressait ma mère de partir. Comme le temps n'était pas encore venu du port de l'étoile jaune, il se rendait presque chaque jour dans le quartier du Marais voir sa compagne ou Marguerite qui mettait de côté quelques douceurs pour Idiss. Naftoul revenait harassé de ces plongées dans le quartier juif, aux boutiques souvent closes et aux passants en vêtements usés, porteurs de mauvaises nouvelles ou de rumeurs funestes. C'était tantôt un ami qu'on avait arrêté et envoyé à Drancy, tantôt l'annonce de rafles de juifs étrangers.

Jamais, en France, depuis un siècle et demi, les juifs n'avaient vécu pareille persécution, ni connu de telles menaces. Cependant, comme l'attestent des carnets de souvenirs notés au jour le jour[1], l'antisémitisme n'était pas un sentiment communément partagé, notamment dans les milieux populaires ou parmi les chrétiens pratiquants. Mais la misère et l'angoisse demeuraient le lot quotidien des juifs, dans la capitale où flottaient les étendards nazis.

---

1. Cf. Jacques Biélinky, *op. cit.*

En vérité, je ne mesurais pas à cette époque la souffrance qu'endurait ma mère. Elle aimait passionnément mon père, mais elle était attachée à sa mère par ces liens secrets qui s'enracinent dès la petite enfance. Charlotte avait toujours vécu avec Idiss, dans le *shtetel* où elle était née, ou à Paris où l'avaient menée les voies de l'émigration des juifs russes. Idiss, de son côté, chérissait sa fille unique. À la différence de ses frères, Chifra avait grandi près d'elle et connu à ses côtés la grande aventure de l'émigration. Quand Schulim avait été enterré dans le cimetière de Bagneux où Idiss reposerait près de lui, c'était Chifra qui l'avait accueillie, et son foyer était devenu le sien. Cette vie partagée avait tissé entre la mère et la fille des liens si forts que rien, hors la mort, ne pouvait les séparer, pensait Chifra. Et maintenant, aux heures les plus sombres de l'histoire des juifs européens, Charlotte devait choisir entre laisser sa mère mourante dans Paris occupé par les nazis pour rejoindre son mari en zone « libre », ou demeurer dans la capitale au milieu des périls à soigner Idiss jusqu'au moment, proche, où elle quitterait cette terre cruelle, en tenant sa main. Ce choix-là, elle ne pouvait l'assumer. Dans ses nuits d'insomnie, Charlotte se disait qu'il lui fallait partir sans délai avec ses fils retrouver Simon. Mais quand elle voyait au matin le visage de sa mère, si pâle, amaigrie sur l'oreiller blanc, elle ne pouvait se résoudre à l'abandonner, à la laisser mourir sans être à ses côtés. Ainsi Chifra restait au chevet d'Idiss, caressant la main de cette mère qu'elle aurait voulu avoir le courage de quitter, sans y parvenir.

Ce fut Naftoul, le doux Naftoul, qui la décida. L'hiver s'avançait, froid à Paris et glacial en Russie où l'armée allemande était parvenue jusqu'aux faubourgs de Moscou. À Paris, les queues s'allongeaient devant les magasins d'alimentation : quatre heures d'attente pour avoir un peu de fromage, notait un chroniqueur[1].

Comme chaque soir, nous étions réunis dans la salle à manger autour du poêle à peine tiède. Idiss se reposait dans sa chambre où l'on avait allumé un petit radiateur électrique. Elle ne sortait plus guère de son lit, enfouie sous les couvertures. J'entendis de l'autre côté de la table s'élever la voix de Naftoul. Il s'adressait à Charlotte en yiddish, d'un ton plus ferme qu'à l'ordinaire. Je compris son propos, ou du moins l'essentiel. Il lui dit : « Tu es folle, *michigass* Chifra ! Tu

_____

1. Cf. Jacques Biélinky, *op. cit.*, p. 86.

as perdu l'esprit par chagrin devant maman. Reviens à toi, regarde la réalité en face. Je suis allé cet après-midi dans le Marais. J'ai rencontré des amis. Ils m'ont raconté ce qui se passait tous les jours : les contrôles d'identité, les arrestations, les juifs embarqués par la police, envoyés à Drancy. Regarde tes fils, Chifra, comme ils sont grands et forts, on dirait des jeunes hommes. Remercie Dieu, Chifra. Mais si le malheur arrivait (suivait une formule de conjuration du mauvais sort avec un signe protecteur des doigts écartés), s'ils étaient arrêtés par les nazis, que dirais-tu à leur père, à ton mari ? Maman te l'a répété. Pense à tes enfants, Chifra, à tes enfants d'abord. Pour être près de maman quand elle quittera cette terre, tu exposes tes enfants, la vie de tes enfants, aux pires de nos bourreaux. Notre mère te dirait ce que je te dis, si elle en avait encore la force. Il faut partir, Chifra, partir avec tes fils, rejoindre Simon qui vous attend. C'est ton devoir. La vie d'abord, il faut choisir la vie, pas la mort. C'est aux SS d'aimer la mort, pas aux juifs. Et la vie, c'est d'abord celle de tes enfants, que Dieu les protège ! »

Jamais je n'avais vu le doux Naftoul en proie à pareille passion. Il était debout au bord de la table, ses yeux brillaient, ses mains volaient dans l'air. Lui, si effacé d'habitude, il était en transe, comme un rabbin inspiré. Ma mère le regardait, stupéfaite. Il s'arrêta soudain, fit le tour de la table pour nous étreindre de toutes ses forces. Charlotte pleurait, ce qui était rare. Naftoul lui avait dit à voix forte les vérités qu'elle souhaitait entendre, mais qu'elle n'osait pas prononcer. Il avait raison, Naftoul, c'était d'abord à ses enfants qu'elle devait penser. À nous mettre à l'abri autant que possible. Protéger nos vies avant tout, au-delà même de l'amour qu'elle portait à sa mère. La phrase terrible de Naftoul retentissait en elle : « Pense à ce que tu dirais à ton mari si vos fils étaient pris par les nazis parce que tu serais restée ici trop longtemps ! » Cette phrase qui pouvait devenir prophétique à tout moment avait frappé Charlotte au cœur. Elle serait partie la nuit même si elle avait pu.

Mon frère et moi, stupéfiés par cette scène, regardions notre mère se cachant le visage entre les mains. Nous allâmes l'embrasser et aussi Naftoul, retombé sur sa chaise. Puis nous regagnâmes en silence notre chambre. Il n'y avait rien à ajouter. Nous savions que nous allions partir, retrouver notre père dont, sans jamais le dire, l'absence nous était cruelle. Changer de vie aussi en laissant derrière nous les amis. Et surtout, quitter Idiss en sachant que nous ne la reverrions plus.

À présent que la décision était prise par Charlotte, il lui fallait agir sans délai. Que dit-elle à Idiss, comment lui expliqua-t-elle ce qui était à la fois une sauvegarde pour nous et un abandon pour elle ? Charlotte ne nous en fit pas confidence. Ce n'était pas sa manière. Mais son visage n'était plus qu'angoisse et volonté.

Tout fut bientôt prêt. La date fut fixée pour franchir la ligne de démarcation, entre Noël et le Jour de l'an – on pensait que les patrouilles allemandes à cette époque de l'année seraient moins enclines à battre la campagne glacée avec leurs chiens. Le lieu choisi par le passeur, venu toucher un acompte à Paris, était proche d'Angoulême. Les trains de cette époque circulaient à vitesse réduite et wagons bourrés. Ma mère avait pris des places de seconde classe pour paraître des bourgeois de province. Mon frère et moi étions chaudement vêtus de vestes de mouton, ultime souvenir du magasin de notre père. Valises bouclées, restait

le plus douloureux : dire au revoir – en réalité adieu –
à notre grand-mère. Ce moment-là, je l'appréhendais
plus que tout autre. Je savais que ses jours étaient
comptés. Sa vie allait s'achever et je ne la reverrais
jamais. Cette pensée, je la repoussais de toutes mes
forces. Mais elle était la vérité.

À cet instant, Naftoul intervint avec toute la délicatesse qu'il portait en lui. Il nous fit entrer dans
la chambre où Idiss reposait dans la pénombre, les
yeux clos, il se pencha vers elle et lui murmura à
voix basse que les enfants partaient pendant quelques
jours à la campagne pour respirer le bon air et bien
se nourrir. Ils voulaient l'embrasser avant leur départ.
Je vis Idiss ouvrir les yeux, sourire en nous regardant. Je m'avançai, avec Claude, poussé légèrement
par Naftoul, et l'embrassai comme d'habitude, pour
lui dire un simple au revoir, que je ne pus prononcer tant ma gorge était nouée. Je craignais de fondre
en larmes. Elle me sourit tandis que je me redressais
après ce baiser, le dernier à ma grand-mère Idiss. Je
cédai la place à Claude, qui l'étreignit à son tour, de
toutes ses forces d'adolescent. Il ne pouvait parler.
Elle nous sourit à tous deux, debout côte à côte, puis
referma les yeux. Bien vite, Naftoul nous entraîna et
referma la porte sans que nous puissions la regarder encore. Notre mère nous attendait dans l'entrée.
Nous partîmes aussitôt ou plutôt nous nous enfuîmes,
descendant l'escalier avec Naftoul qui portait la valise
de Charlotte. Au rez-de-chaussée, le passeur, lui aussi
en canadienne, nous attendait. Nous embrassâmes

Naftoul qui serra longuement chacun de nous dans ses bras. Puis il remonta lentement vers Idiss, seul désormais avec sa mère. Déjà nous tournions le coin de la rue, vers la station de métro. Adieu Idiss, adieu l'enfance. C'était la guerre, l'Occupation. Jamais je ne reverrais ma grand-mère.

Idiss mourut quelques mois plus tard, le 17 avril 1942. Depuis notre départ, dans l'appartement déserté, régnait le silence. Naftoul occupait la pièce voisine de la chambre de sa mère. Il veillait à ce qu'elle prît les médicaments prescrits par le docteur Parmentier. Il lui taisait les détails des rafles et les noms des internés. Aux questions d'Idiss, il donnait des réponses évasives, ne pouvant dénier l'existence de ces pratiques criminelles. Mais il se gardait de toute précision, se réfugiant dans des généralités ou qualifiant de rumeurs ce qui était certitude. Derrière le flou des propos de Naftoul, Idiss décelait la terrible réalité.

Les angoisses d'Idiss étaient aggravées par le fait que Naftoul était apatride. Il avait perdu la nationalité russe lorsque la Bessarabie était devenue roumaine, après la Grande Guerre. Il n'avait pas accompli les formalités nécessaires pour adopter cette nouvelle nationalité, car il n'aimait pas la Roumanie où sévissaient fascistes et antisémites. Il s'accommodait de ce statut d'apatride dans la France d'avant-guerre[1]. Mais sous le régime de Vichy, cette qualification le rendait suspect. Gagner la zone « libre » par les voies légales lui était impossible. Se retrouver là-bas comme apatride, après avoir franchi clandestinement la ligne de démarcation, c'était courir le risque constant d'un contrôle d'identité qui le conduirait dans un camp d'internement et voué à être livré aux Allemands qui l'enverraient à Auschwitz, c'est-à-dire, à son âge, à la mort. Naftoul ne pouvait que rester à Paris, sous la menace permanente d'être arrêté et déporté. De surcroît, son accent yiddish et les traits de son visage le désignaient comme juif à tout contrôleur de son identité. Naftoul ne l'ignorait pas et priait Dieu pour échapper au péril. Il marchait seul à travers la grande ville, empruntant des rues peu fréquentées. Vêtu d'un costume élimé mais propre, il arborait toujours un sourire aimable. Il s'efforçait de paraître aussi banal que possible. Surtout, il comptait sur la chance, car il était comme son père, grand joueur. Jusqu'à présent, elle ne lui avait pas fait défaut dans cette partie quotidienne dont l'enjeu était sa liberté et même sa vie.

À mesure qu'Idiss s'enfonçait dans la maladie, Naftoul s'efforçait de ne point la quitter, sauf pour les courses au ravitaillement qu'il effectuait discrètement,

---

1. De 1922 à 1945, les réfugiés apatrides dépourvus de passeport pouvaient se déplacer grâce à un document d'identité, le « passeport Nansen ».

en évitant à présent les quartiers juifs. Puis il regagnait vite l'appartement où Idiss l'attendait anxieusement. Il saluait poliment la concierge. Le port de l'étoile jaune n'était pas encore imposé aux juifs en zone occupée. Rien ne le distinguait des retraités de condition modeste jusqu'au moment où il devait s'exprimer en français, qu'il limitait à l'indispensable.

Marguerite, sa bru, rendait fréquemment visite à Idiss. Elle n'avait pas à se prémunir contre un éventuel contrôle d'identité. Ses papiers, authentiques ceux-là, étaient corroborés par sa voix aux accents populaires. Elle pouvait sans risque traverser Paris en métro pour se rendre chez Idiss. Elle le faisait aussi fréquemment que son atelier lui en laissait le temps. Son mari Avroum avait gagné à son tour la zone « libre ». Lui aussi s'était établi à Lyon. Sa fille Sonia et son fils Serge l'avaient rejoint, à notre vive satisfaction, car Sonia était la gaieté même en dépit des épreuves. Ainsi se recomposaient en zone « libre » les familles juives, espérant des jours meilleurs que, à ce moment de la guerre, seule une foi absolue dans la victoire finale pouvait inspirer.

Le printemps 1942 était arrivé. Hitler avait lancé la Wehrmacht en Russie dans une nouvelle offensive. Radio Paris égrenait à nouveau la liste des villes tombées, des succès remportés dans les vastes plaines de Russie. Les divisions blindées allemandes franchissaient le Donets, le Don, et se portaient vers Stalingrad et la Volga. En Libye, l'Afrikakorps du général Rommel remportait d'éclatantes victoires. Près de Berlin, à Wannsee, le 20 janvier 1942, les spécialistes nazis de l'extermination s'étaient réunis. Tout était prêt pour que le plus atroce génocide de l'histoire européenne, celui de six millions de juifs, hommes, femmes et enfants, décidé par Hitler, puisse s'accomplir.

*

* *

Dans Paris occupé, en ce printemps 1942, Idiss s'éteignait doucement. L'Éternel lui avait fait la grâce, en ces temps de barbarie, de mourir chez nous, où tout lui rappelait les temps heureux d'autrefois. Naftoul ne la quittait plus. Bien des années plus tard, Charlotte nous raconta ce qu'elle avait appris à son retour à Paris, après la Libération, sur la fin d'Idiss. Le docteur Parmentier l'avait assurée qu'elle n'avait pas souffert, qu'elle avait glissé dans la mort comme on s'abandonne au sommeil, paisiblement, loin de ce monde devenu si cruel pour une vieille juive épuisée. Naftoul, assis près du lit, silencieux, la poitrine secouée de sanglots étouffés, caressait doucement la main d'Idiss, comme pour l'accompagner jusqu'au rivage d'où l'on ne revient pas. Marguerite était arrivée par le dernier métro. Elle pensait la veiller cette nuit-là pour que Naftoul se reposât enfin. Dès qu'il lui ouvrit la porte, elle comprit à son visage qu'Idiss était morte, qu'elle avait rendu son âme à l'Éternel qui la lui avait confiée pour le temps si court de la vie sur cette terre. Il était près de minuit, l'heure du couvre-feu fixé par les Allemands[1]. Paris était plongé dans un immense silence. Les ténèbres de la nuit que ne perçait aucune lumière recouvraient la ville. On aurait dit que la grande cité qui avait jadis accueilli Idiss l'enveloppait d'ombre et de silence, comme pour lui assurer une ultime protection. À l'aube, avec le concours de Naftoul, Marguerite fit la toilette ultime de ce corps usé. Naftoul dit le Kaddish, la kippa sur la tête, le châle de prière sur les épaules. Marguerite posa ses lèvres sur le front d'Idiss, si pâle à présent. Puis elle repartit en laissant Naftoul seul avec le corps de sa mère.

---

1. À partir du 7 février 1942, le couvre-feu pour les juifs, à Paris, avait été fixé à vingt heures par les autorités d'Occupation, au lieu de minuit pour le reste de la population.

Épilogue

Selon la Loi, le corps des juifs morts doit être promptement mis en terre, dans la plus grande simplicité. Un proche fait l'éloge du défunt. L'officiant et l'assistance disent le Kaddish. Chacun passe à son tour devant la tombe ouverte et jette une poignée de terre sur le cercueil. Puis il s'en retourne en silence avec les siens. La religion juive est austère et son rituel dépouillé. L'âme du mort est retournée à Dieu, son créateur. Tout est dit.

En avril 1942, dans Paris occupé, tout cortège, tout rassemblement était interdit aux juifs. Ils gagnaient le cimetière individuellement ou par couples. Le rabbin venait de son côté avec un proche du défunt. On se retrouvait à l'heure fixée autour de la tombe, en nombre restreint. L'assistance devait comporter dix juifs ayant accompli leur bar-mitsva. Seuls les proches parents et les plus courageux des amis bravaient la menace des contrôles d'identité. Parvenu au cimetière, évitant de former un groupe, chacun se rendait à la tombe dont la famille lui avait indiqué l'emplacement.

Il en fut ainsi pour l'enterrement d'Idiss. Nul besoin pour elle de dicter un testament, ni même de faire connaître à Naftoul ses dernières volontés. Elle ne possédait rien. Ses enfants savaient qu'elle voulait de tout son cœur rejoindre Schulim et reposer à ses côtés dans la tombe du cimetière de Bagneux.

En ce jour de printemps 1942, en pleine Occupation, ce fut devant une poignée de parents et d'amis que se déroula, presque furtivement, l'enterrement d'Idiss. Seul de ses enfants, Naftoul était présent avec Marguerite. Le reste de la famille était dispersé. Le rabbin de la rue Pavée, la synagogue des Yids, psalmodia les prières. Personne ne prit la parole. Dire le bonheur qu'Idiss avait connu aurait été cruel, évoquer les épreuves présentes, inutile. Chacun priait en son cœur pour l'âme d'Idiss et le salut des juifs. Le Kaddish dit par le rabbin fut rapidement expédié. Puis tous s'en furent par des voies séparées. C'était le temps du malheur.

Simon Badinter fut arrêté à Lyon, le 9 février 1943, sur ordre de Klaus Barbie, et déporté au camp d'extermination de Sobibor, en Pologne, par le convoi n° 53 du 25 mars 1943. Il n'est pas revenu.

Sa mère, Schindler Badinter, fut arrêtée à Paris par la police française lors de la rafle du 24 septembre 1942. Âgée de 79 ans, elle mourut dans le convoi n° 37 qui la conduisait au camp d'Auschwitz-Birkenau.

Naftoul Rosenberg fut arrêté à Paris sur dénonciation, et déporté au camp d'Auschwitz-Birkenau par le convoi n° 12 du 29 juillet 1942. Il n'est pas revenu.

REMERCIEMENTS

Je remercie tous ceux qui m'ont aidé dans ma tâche par leurs souvenirs ou leurs connaissances.

J'exprime ma reconnaissance à mon neveu Michel Badinter, à ma cousine Lauretta Grau, à ma cousine Jacqueline Simon et à mon petit-cousin Aimé Mandel.

Je remercie pour leurs remarques et suggestions les historiens Denis Peschanski, Jean Laloum et Béatrice Philippe, ainsi que Karine Tuil et Ariel Toledano.

Je remercie pour leur précieux concours Messieurs Pascal Le Deunff, ambassadeur de France en République de Moldavie, et Emil Druc, ambassadeur de la République de Moldavie en France, ainsi que leurs services.

Je tiens également à remercier Lucien Pliskin, président de l'association des descendants de Bessarabiens, et les services des archives du Consistoire israélite de Paris.

J'exprime mon amicale gratitude à Hélène Guillaume, et ma fidèle affection à Micheline Amar.

J'adresse à Marylin Taverne mes remerciements chaleureux pour ses amicales attentions pendant la rédaction de cet ouvrage.

À Anne-Laure Jacquemart, ma collaboratrice, j'exprime mon affectueuse reconnaissance. Sans son concours efficace et patient, cet ouvrage n'aurait sans doute jamais vu le jour.

ANNEXE

Le droit antisémite
et xénophobe en France
pendant la Seconde Guerre mondiale

Lois et décrets du gouvernement de Vichy

Mesures xénophobes de l'été 1940

Loi du 12 juillet 1940 interdisant aux citoyens n'étant pas nés français, de parents français, d'appartenir à un cabinet ministériel (*Journal Officiel*, p. 4522)

Loi du 17 juillet 1940 interdisant tout emploi dans les administrations de l'Etat, des départements, des communes et des établissements publics aux citoyens ne possédant pas la nationalité française à titre originaire comme étant né de père français (*J.O.*, p. 4537)

Loi du 22 juillet 1940 instituant une Commission chargée de réviser toutes les naturalisations intervenues depuis la loi du 10 août 1927 sur la nationalité (*J.O.*, p. 4567)

Loi du 23 juillet 1940 sur la déchéance de nationalité des Français ayant quitté la France (*J.O.*, p. 4569)

Loi du 16 août 1940 interdisant l'exercice de la médecine aux médecins nés de père étranger (*J.O.*, p. 4735)

Loi du 10 septembre 1940 limitant l'accès au Barreau aux citoyens nés de père français (*J.O.*, p. 4958)

Mesures antisémites

Loi du 27 août 1940 abrogeant les dispositions du décret-loi Marchandeau du 21 avril 1939 qui réprimait la propagande antisémite dans la presse (*J.O.*, p. 4844)

Loi du 3 octobre 1940 portant statut des Juifs (*J.O.*, p. 5323)

Loi du 4 octobre 1940 sur les ressortissants étrangers de race juive (permettant leur assignation à résidence ou leur internement d'office dans des camps spéciaux) (*J.O.*, p. 5324)

Loi du 7 octobre 1940 portant abrogation du décret du Gouvernement de la défense nationale du 24 octobre 1870 (« décret Crémieux » qui accordait la nationalité française aux Juifs d'Algérie) et fixant le statut des Juifs indigènes des départements de l'Algérie (*J.O.*, p. 5234)

Loi du 29 mars 1941 créant un Commissariat général aux questions juives (*J.O.*, p. 1386)

Loi du 2 juin 1941 remplaçant la loi du 3 octobre 1940 portant statut des Juifs (*J.O.*, p. 2475)

Loi du 2 juin 1941 prescrivant le recensement des Juifs (de la zone occupée et de la zone libre) (*J.O.*, p. 2476)

Loi du 21 juin 1941 réglant les conditions d'admission des Juifs dans les établissements d'enseignement supérieur (instauration d'un *numerus clausus* de 3 % applicable aux étudiants juifs) (*J.O.*, p. 2628)

Décret du 16 juillet 1941 réglementant, en ce qui concerne les Juifs, la profession d'avocat (*J.O.*, p. 2999)

Décret du 16 juillet 1941 réglementant, en ce qui concerne les Juifs, les fonctions d'officier public ou ministériel (*J.O.*, p. 3000)

Loi du 22 juillet 1941 relative aux entreprises, biens et valeurs appartenant aux Juifs (*J.O.*, p. 3594)

Décret du 11 août 1941 réglementant, en ce qui concerne les Juifs, la profession de médecin (*J.O.*, p. 3787)

Loi du 14 septembre 1941 portant statut général des fonctionnaires (confirmation de l'exclusion des Juifs de la fonction publique) (*J.O.*, p. 4211)

Décret du 24 septembre 1941 réglementant, en ce qui concerne les Juifs, la profession d'architecte (*J.O.*, p. 4113)

Loi du 2 novembre 1941 interdisant toute acquisition de fonds de commerce par les Juifs sans autorisation (*J.O.*, p. 4806)

Loi du 17 novembre 1941 réglementant l'accès des Juifs à la propriété foncière (*J.O.*, p. 5179)

Loi du 29 novembre 1941 portant dissolution des associations juives et transfert de leurs biens à l'Union générale des Israélites de France placée sous le contrôle du Commissariat général aux questions juives (*J.O.*, p. 5181)

Décret du 26 décembre 1941 réglementant, en ce qui concerne les Juives, la profession de sage-femme (*J.O.*, p. 296)

Décret du 26 décembre 1941 réglementant, en ce qui concerne les Juifs, la profession de pharmacien (*J.O.*, p. 297)

Décret du 5 juin 1942 réglementant, en ce qui concerne les Juifs, la profession dentaire (*J.O.*, p. 2037)

Décret du 6 juin 1942 réglementant, en ce qui concerne les Juifs, les professions d'artiste dramatique, cinématographique ou lyrique (*J.O.*, p. 2038)

Loi du 11 décembre 1942 relative à l'apposition de la mention « Juif » sur les titres d'identité délivrés aux Israélites français et étrangers (*J.O.*, p. 4058)

Mesures allemandes

Première ordonnance du 27 septembre 1940 imposant le recensement des Juifs de la zone occupée sur un registre spécial en préfecture et le placement d'une affiche jaune « Entreprise juive » sur la devanture des commerces appartenant à des Juifs

Deuxième ordonnance du 18 octobre 1940 imposant le recensement des entreprises juives en zone occupée et permettant à l'administration allemande de nommer un commissaire-administrateur à leur tête

Troisième ordonnance du 26 avril 1941 élargissant la définition du Juif, interdisant d'exercer de nombreuses activités économiques et d'employer des Juifs comme employés supérieurs ou en contact avec le public, autorisant les commissaires-gérants à vendre les entreprises juives et limitant les versements des commissaires-gérants aux « subsides absolument indispensables »

Quatrième ordonnance du 28 mai 1941 imposant le blocage des comptes bancaires juifs, désormais soumis au Service du Contrôle des Administrateurs provisoires, et limitant l'activité économique des entreprises juives non encore placées sous administration provisoire

Ordonnance du 13 août 1941 portant confiscation des postes de TSF appartenant aux Juifs

Cinquième ordonnance du 28 septembre 1941 obligeant les commissaires-gérants à déposer le revenu net de la liquidation des biens juifs à la Caisse des dépôts et consignations (les subsides absolument indispensables ne pouvant être versés aux propriétaires qu'avec l'autorisation du Service du Contrôle des Administrateurs provisoires)

Ordonnance du 17 décembre 1941 concernant une amende d'un milliard de francs à payer sur les biens juifs de la zone occupée

Sixième ordonnance allemande du 7 février 1942 imposant un couvre-feu de 20 heures jusqu'à 6 heures du matin pour les Juifs et leur interdisant de déménager

Septième ordonnance allemande du 24 mars 1942 élargissant la définition du Juif et étendant la législation antérieure à cette nouvelle catégorie

Huitième ordonnance allemande du 29 mai 1942 imposant le port de l'étoile jaune par tous les Juifs dès l'âge de 6 ans

Instruction allemande donnée à la Compagnie du métropolitain imposant aux Juifs de ne prendre, à partir du 10 juin 1942, que la dernière voiture du métro parisien

Instruction allemande adressée le 3 juillet 1942 au secrétariat général des PTT interdisant aux Juifs, en zone occupée, l'usage du téléphone et des cabines téléphoniques

Neuvième ordonnance allemande du 8 juillet 1942 interdisant aux Juifs de fréquenter les salles de spectacles et d'accéder à certains établissements ouverts au public, et limitant à une heure par jour (de 15 heures à 16 heures) le temps pendant lequel les Juifs peuvent faire leurs achats

Table

Composition et mise en pages
Nord Compo à Villeneuve-d'Ascq

CET OUVRAGE
A ÉTÉ ACHEVÉ D'IMPRIMER
SUR ROTO-PAGE
PAR L'IMPRIMERIE FLOCH À MAYENNE
EN OCTOBRE 2018

 Fayard s'engage pour
l'environnement en réduisant
l'empreinte carbone de ses livres.
Celle de cet exemplaire est de :
750 g éq. CO_2
Rendez-vous sur
www.fayard-durable.fr

PAPIER À BASE DE
FIBRES CERTIFIÉES

Dépôt légal : octobre 2018
N° d'impression : 93311
40-8773-7/01
Imprimé en France